奇異果文創

奇思異想之果

溫柔革命閱讀

奇異果文創

奇 思 異 想 之 果

溫 柔 革 命 閱 讀

奇異果文創

奇思異想之果

溫柔革命閱讀

奇異果文創

奇思異想之果

溫柔革命閱讀

動漫
社會學

本本的誕生

王佩迪—主編

同人領進門

後續看內文

燃燒吧，我的小宇宙！

主編序

文─王佩廸

每逢寒暑假，是動漫粉絲們傾巢而出的時節。除了中華動漫出版同業協進會分別在每年二月、八月前後主辦的台北國際動漫節和漫畫博覽會（簡稱漫博）這等大型商業展覽之外，大大小小的同人販售會也都趁著學生們放假，紛紛盛大舉行，其中時間悠久也最多參與人數的ＣＷＴ（台灣同人誌販售會）和ＦＦ（開拓動漫祭），想必大家都耳熟能詳，而近年來其他同人活動的主辦單位也越來越多，除了有從學生社團起家踏進這產業的ＧＪ（基階多媒體行銷工作室）之外，星石工作室所舉辦的動漫之力（In Comic Energy，ＩＣＥ），以及發源自南台灣的 Wing Stage 動漫電玩創作展，也都展現了對同人這塊市場的發展野心。

除了綜合性的同人「大拜拜」之外，許多單一主題的ONLY場在這一兩年來也明顯增多，主題從單一類別（如百合、歐美影視、布袋戲）、單一作品（如排球少年、東方）、單一配對（如團兵、青黃、銀土）等皆可見之，顯示舉辦同人活動有越來越集中主題的趨勢，也可發現，現今在同人圈中，小眾市場其實不可小覷，往往是創作者和消費者的火力集中區。

在這本《動漫社會學》第二彈當中，我們就是要集中火力探討分析台灣的「同人文化」這個主題。

同人文化是動漫產業相當重要的一環，往往與商業出版發行的官方作品有著相當緊密的關係。同人誌，指的是「志同道合的同好們」所創作出來的作品，通常為紙本實體，然今日的數位科技，讓同人文化的空間更加地廣闊。

同人創作可分為「原創」與「二次創作（二創）」。其中，「二創」是指將商業作品進一步衍伸的同人創作，粉絲們將喜愛的官方作品，用自己的詮釋方式進行創作生產，並與他人交流；相對於二創，同人文化中的「原創」作品雖然比較少，但卻是相當具社會文化意義的一環，因為原創代表著創作者在創意展現、角色設定、議題探討與社會連結等項目上，都需展現出獨當一面、引領風潮的能力，而成功的原創通常也會轉向為商業出版的模式。由此可見，商業出版與同人文化，一直以來都是相輔相成的。

台灣的動漫市場一直都深受日本的影響，當然，同人文化的發展也不例外，因文化與地理位置的接近性，台灣在一九九〇年前後即出現了同人創作的社團與刊物，從此，台灣大大小小、各式各樣的同人活動如雨後春筍般出現。在台灣漫畫界長期以來呈現斷層的狀態下，新一代的漫畫家很多都是從學校社團、同人社團，開始接觸到漫畫繪製、印刷、宣傳、進同人場賣作品等等的漫畫家養成過程。這樣的創作風氣，相當程度上鼓勵了許多人能夠表達自我想法、自由發揮創意，而且是在沒有保證成功、也沒有酬勞獎勵的狀況下，就有一大群人願意投入這件事情上。因此，同人文化可說是台灣文化創意的培養皿。

時至今日，台灣的同人活動已經具相當規模，大型活動每場至少會有兩千多個攤位展出，每個攤位新刊舊刊算起來，至少也會有數千本同人誌在場上販售著，而參觀或消費的人數更是以萬計數。當然，更不用提其他中小型的活動，少說也會有五十到上百個攤位參與，而且遍布於台灣各大城市，幾乎每個月都有活動。因此，想想看這些同人活動，到底存在著有多大的商機呢？

當然，大部分的同人社團是否能順利賣出自己的作品並回收成本，或許並不是他們參與的目的，真正的初衷當然是「對作品和角色的愛啊」。因為愛，他們可以日以繼夜、不眠不休地爆肝，就只為了在期限內將作品順利送印。他們也會透過網路平台宣傳，如噗浪、批踢蹋和臉書，甚至有專門提供同人誌登錄的網路平台，讓作者和粉絲能充分分享資訊，作好活動前的各種準備。而在遠方或剛好有事抱憾無法參加的熱情粉絲們，也可以透過通販（網購）的方式取得喜愛作者的新刊。

其實，同人文化除了展現對動漫作品的愛之外，另一個很重要的要素就是「分享」，因此才會是由「一群」志同道合的人所組成，也因此作者和讀者才能基於分享對同樣作品的愛，進行創作與支持，而這些創作，並不只展現在紙本同人誌製作，同樣是一群志同道合的人，為了讓更多人能認識他們所喜愛的作品，會志願參與翻譯（在中國稱為漢化），製作影片字幕或漫畫譯文，讓即使不熟悉日文的人，也可以透過他們的翻譯，接觸到更多日本動漫畫。

數位科技更是大大地改變了動漫愛好者——或直接稱廣義的御宅族們——的行為模式。本來就已經非常積極且深入地與文本互動的御宅族，透過數位科技，更能夠輕易地下載文本，進行編輯、重製、元素重組，並將之挪用成為自己的創作。就如同 Google Chrome 當初曾經找虛擬歌手「初音未來」代言的形象廣告「Tell Your World」【註1】，PV的最後顯示：「Everyone, Creator」。是的，因為數位科技的進步，包括 Web 2.0，讓生產者與消費者的界線消失，每個人都可以輕易地成為創作者。因此，在網路上的同人世界，更是呈現百家爭鳴、資訊爆炸的狀況，當然更不用說其傳播的速度有多快了。

上述這些台灣的同人文化描述只能說是簡介，為了更詳細地說明與分析，在這本《動漫社會學》第二彈，以「同人文化」為主題，我們邀集了各方精采文章和訪談，從各個不同面向出發，試圖更清晰地呈現台灣的同人文化整體樣貌。

第一篇文章由動漫研究著名學者李衣雲老師的文章〈這就是愛〉展開，說明同人創作者為何而創作？並且分析同人創作，從個人與群體的層次上，分別具有甚麼樣的社會意涵。不過最重要的還是「這就是愛」的展現啊！因為愛，即使是「塑膠也是有重量的」！

若抽出愛的元素，同人創作還可以用甚麼角度去看待呢？Kimball 就特別以「經濟面向」去剖析同人文化圈，以「通路」與「網路平台」區分為兩種不同的類別，分別去思考在這兩種類別中有何不同的創作與消費模式，以及彼此如何產生交集。有趣的是，「二創」在這兩種類別中都相當重要，卻又扮演著不同的角色。

第二單元則進入同人文化的歷史考據。見證了台灣同人發展將近三十載的 Miyako，根據手邊珍藏的本子、研究資料，加上同好們的共同記憶，重新整理成文字，在〈台灣同人活動的轉變與特色〉這篇文章中，讓我們看到更多台灣同人文化發展的軌跡。而長期以來一直關注台灣動漫產業與同人文化的余曜成（綽號小魚）也在〈線上與線下都在燃燒〉一文中，為讀者剖析了從早期到現在，台灣的動漫同人從學校社團、同好團體，到網路社群出現之後的整個變化與發展。此外，百合作者兼研究者楊双子則在〈少女啊，要胸懷百合！〉文中，特別爬梳了台灣「百合」創作在整個同人文化圈裏頭的特殊性與發展歷程。

本書的第三單元，為讀者呈現的是同人文化中的異質性與多樣性。

東方達人（同時也是LoveLive! 達人）科科任，透過《東方Project》同人二創所展現的互動性與多樣面貌，讓讀者了解到同人創作的各種可能性，以及創意在結合數位科技後的同人影片，究竟可以夯到甚麼程度；女性向的同人創作者兼觀察者千翠，討論到「性轉」這個特殊的同人創作題材，分別以女性向創作中不同的「性轉」類別，逐一解說其中所呈現的性別意涵；此外，台灣首部ＢＬ搖滾音樂劇《新社員》則是柏阿橘特別關注的主題，她以《新社員》粉絲的同人創作與同人活動安排為例，展示粉絲社團如何與官方共構創作同人作品，並從平面或網路媒介跨界到三次元的世界裡。

在這本書的每個單元後面，編輯群還特地安排了相關人物的訪談：從同人創作者A子身上，我們看到了創作同人的初衷與堅持；而在第二單元歷史考據的章節後面，更是安排了在台灣同人圈相當耳熟能詳，人稱謝哥、鄭先生，以及老闆娘的這些重量級人物訪談。而最後則是以ＧＪ這群年輕創業者的訪談作結，試圖從他們的經營方針與觀察，去了解未來同人創作與粉絲文化可能的新趨勢。

雖然在同人文化當中，二創始終是個大宗，而本書也的確多集中於討論二創的發展與變化。不過，如果你對日本動漫或其他相關作品並不熟悉，你同樣可以在綜合性的同人販售會或標榜著「原創 ONLY」【註2】等場次中，發現到台灣創作者在「原創」的文化生產方面，同樣展現出源源不絕的創意與巧思，許多結合台灣社會現象、在地文化與人文風景等等的作品，例如：將台灣各大學「擬人化」之後的衍生故事、將在各地旅行的經驗以同人誌的方式分享、養寵物心得、在某職場的工作日誌、以台灣歷史或政治為背景的創作等等，這些原創同人作品，豐富了台灣的文化創意發展，有些作品甚至透過商業出版，讓更多大眾讀者認識，有機會在台灣或其他國家大放異彩。

如果你還沒接觸過台灣的同人文化，不妨找個週末【註3】，到附近的同人販售會逛一逛吧！

附註

註1 https://youtu.be/MGt25mv4-2Q

註2 例如開拓動漫祭所舉辦的「Comic Nova」。

註3 目前台灣幾乎每個周末都有舉辦同人活動，雖然大多集中在台北，但也不乏在中南部舉辦的場次。可以參考「台灣同人誌中心」平台所整理的活動時間表：https://www.doujin.com.tw/events/

死線
散
同人領進門，
後續看內文

同人場賓果

每個去過同人場的人的共同記憶大概就是——排隊！入場要排隊、買本要排隊、上廁所要排隊，或許根本還沒逛起就累了，但就算如此大家還是會去參加同人場。

因為同人場除了「逛」之外，更重要的，它也是一個可以跟其他同好見面的場合，還是見到喜歡的創作者、Coser 的機會，更能認識到其他的新朋友。

這種同人場的交流模式，相信不少人都有所體會，而旁邊的賓果裡列出了許多同人場的「共同記憶」——你擁有多少「記憶」呢？

人太多被擠 得呼吸困難	見到了 喜歡的作者 非常興奮	拿到最後尾 的牌子	為了排喜歡 的本子排隊 超過一小時	看塗鴉牆 畫塗鴉牆
入場前把大 鈔換成零錢	喜歡的大大 跳坑了！	完售了沒搶 到！	喜歡的作品 或 CP 太冷 門沒有人出	準點去搶 場上作者 釋出的掛報
準備零食給 喜歡的作者	買了之後才 發現被逆 CP	搶到 最後一本	跟大大握到 手今後不洗 手了！	每次都花了 超過兩千塊
跟同好認親	看到喜歡的 角色有人出 COS 上前 搭訕	到了才發現 沒帶到票	排隊排到 天長地久 海枯石爛	前一天晚上 直接睡在 入場處
跟作者要 簽繪或簽名	找不到最後 尾啦！	把想買的 列成清單 印出來	進到會場內 開始狂奔	很早起床去 場上排隊

同人作家賓果

相信許多人在同人場前後，總是為了出本消耗許多精力 _(:3)∠)_

像是為了趕死線不敢睡覺、創作到一半卻靈感盡失、畫圖寫文到一半被電腦陰、不小心搞錯印刷尺寸、開賣後發現印太多或印太少等等各種阻礙與挫折。

從開始創作到最後擺攤販賣，每個階段都會遇到許多意料之中卻又意料之外（？）的事情，來看看你所遇過的事情能在這個同人作家賓果連成多少條線吧～

「抄襲喔？」	喜歡的作品 太冷門 只好自己來	印刷出來 版面走針	社入票忘記 帶?!	都快窗了還 在摸魚！
夢到一本都 賣不出去	山積。	忘記繳費	在趕稿時家 人突然開門 闖進來	我終於關窗 了！
產量與截稿 日成反比	印量太少 一大早就 賣完了	窗了！	趕完稿了印 刷廠卻沒開	甚麼 明天就是 截稿日?!
終於做出來 了卻退潮了	好不容易 出本了卻和 別人撞梗	再幹閒事 就剁手	還沒存檔電 腦突然當機	要記得去 報名！
出的本被父 母看到感覺 羞恥 play	「賺多少？」	印刷尺寸 搞錯	「這麼薄一 本還賣這麼 貴?!」	第一天沒 報上啊！

動漫音樂賓果

自 2004 日本推出 VOCALOID，大家便可以使用此軟體去自由創作音樂，而在 2007 年 niconico 平台誕生後，創作者更是可以將自己所創作的音樂上傳到此，讓使用者能聽見創作者的音樂，同時能夠去翻唱、衍生或是將音樂帶入其他作品裡。

因此此次介紹了一些熱門的歌曲，相信在宅宅圈或同人圈的小夥伴們一定會聽過！試著將聽過的歌圈起來，看看能連成幾條線吧！ (ノ> ω <)ノ

弱虫 モンブラン	PONPON PON	Just Be Friends	般若心経 ポップ	ワールズエ ンド・ダン スホール
威風堂々	裏表 ラバーズ	マトリョシ カ	ブラック☆ ロックシュ ーター	BAD APPLE!!
ワールドイ ズマイン	メルト	千本桜	初めての恋 が終わる	シリョクケ ンサ
ロミオと シンデレラ	From Y to Y	戀は戦爭	右肩の蝶	深海少女
歌に形はな いけれど	おちゃめ 機能	ローリン ガール	悪ノ シリーズ	禁断少女プ ラス A

BL 詞彙賓果

BL=Boys' Love，指的是男性之間的戀愛的創作類型。

有在看或是進行 BL 相關創作的人都一定知道在 BL 界會拿一些特別的詞語當作代稱、題材類型或是人物屬性，像是「攻」、「ABO」或是「鬼畜」等等，有些都是單純從字面上沒辦法理解的詞語 (˘･з･)

在萬物皆可腐（？）的現在相關詞語也越來越多，你認識的又有多少呢～

┌(┌^o^)┐

反攻	總受	肉	雙性生子	攻受
激 H	女體化	菊花	SM	總攻
零號	互攻互受	乩	ABO	ALL向
調教	清水向	幻肢	一號	後庭
鬼畜	YAOI	耽美	エロ	801

┌(^o^┐)┐

百合作品賓果

「百合」一詞源自於日本，是指女性朋友間的愛慕或親密友誼關係。而市面上的百合作品相對於BL作品較少。雖然較少，但還是有一些作品是跟百合有相關的，而且現在喜歡百合作品的小夥伴們也越來越多了！ヽ(✽ﾟ▽ﾟ)ノ

因此這裡舉列了一些跟百合相關的作品或是作品裡有百合元素成分的。喜歡百合的讀者們可以試試看自己看過了那些作品，又能連成幾條線呢？

魔法少女 小圓	百合男子	變調的旋律	櫻 Trick	Vocaloid
LoveLive!	少女派別	水星領航員	少女革命	請問您今天 要來點兔子 嗎？
薔薇少女	向陽素描	美少女戰士	K-ON!	東方 Project
天才 麻將少女	強襲魔女	光之美少女	輕聲密語	輕鬆百合
星空學園	神無月巫女	少女與戰車	瑪莉亞的 凝望	艦娘

同人誌生產線大富翁

當你在場次上或是在通販買到自己心儀已久的本子時，你有沒有想過本子的產生流程呢？作者從有想法到印出來再到拿到場上去販賣，其實中間是有一段十分辛苦的過程，像是可能會沒有靈感、會創作到一半對劇情不滿意而打掉重練或是做到一半電腦當機 (´; ω ;`)

因此，我們將作者的創作過程用大富翁模式向讀者們一一介紹，其中還包含了每個階段中作者的心情，讓大家可以輕鬆明白創作過程喔！

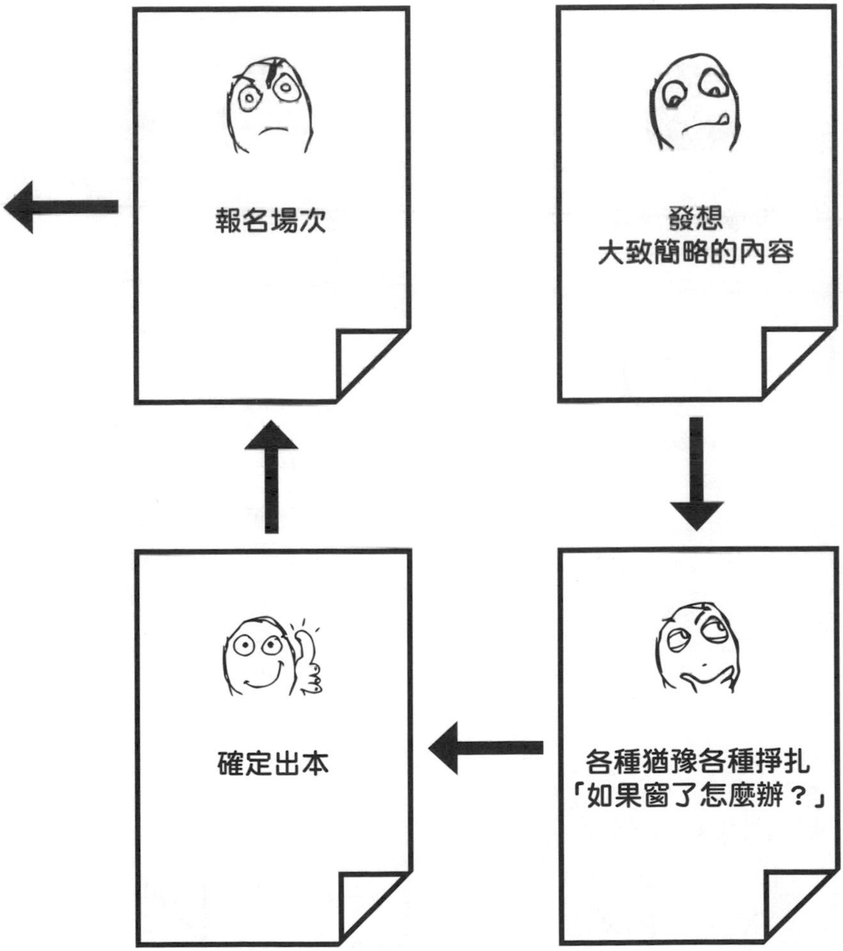
發想
大致簡略的內容
各種猶豫各種掙扎
「如果窗了怎麼辦？」
確定出本
報名場次

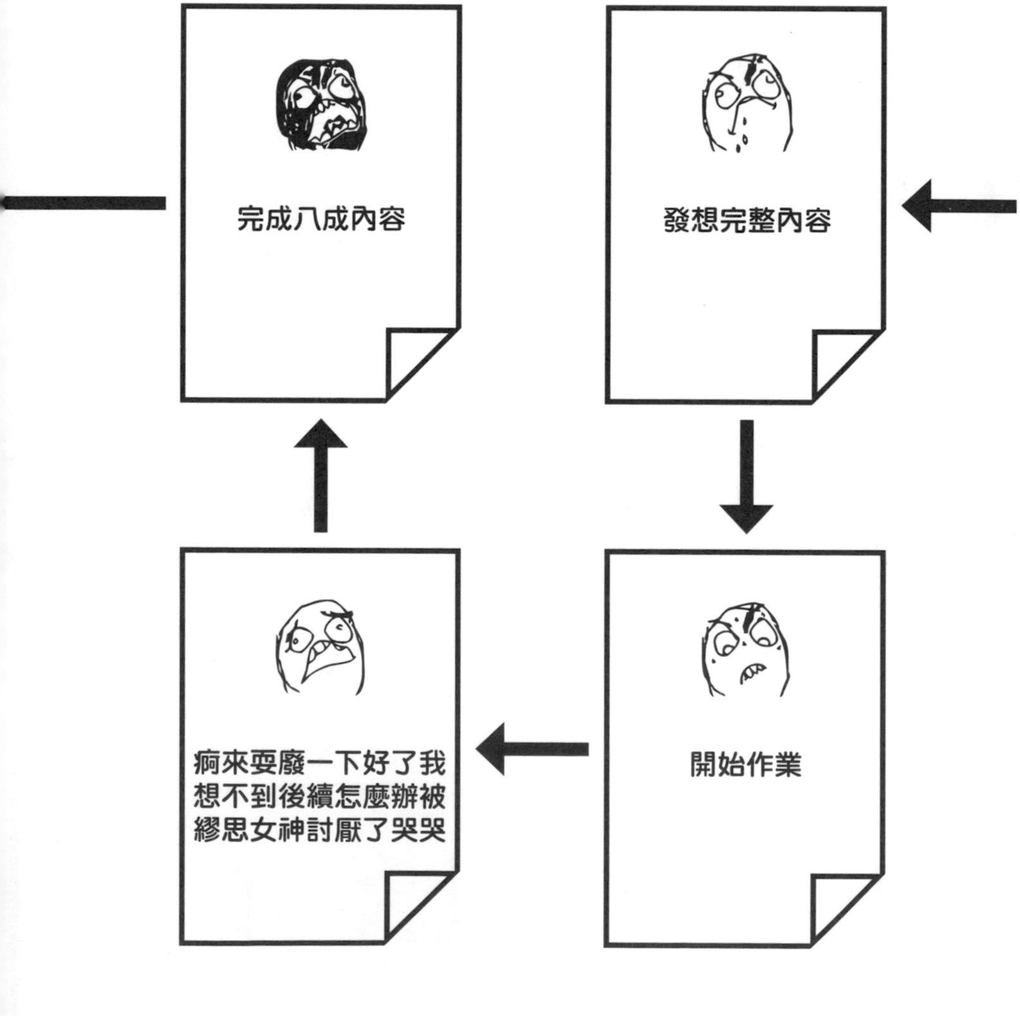

發想完整內容
開始作業
痾來耍廢一下好了我想不到後續怎麼辦被繆思女神討厭了哭哭
完成八成內容

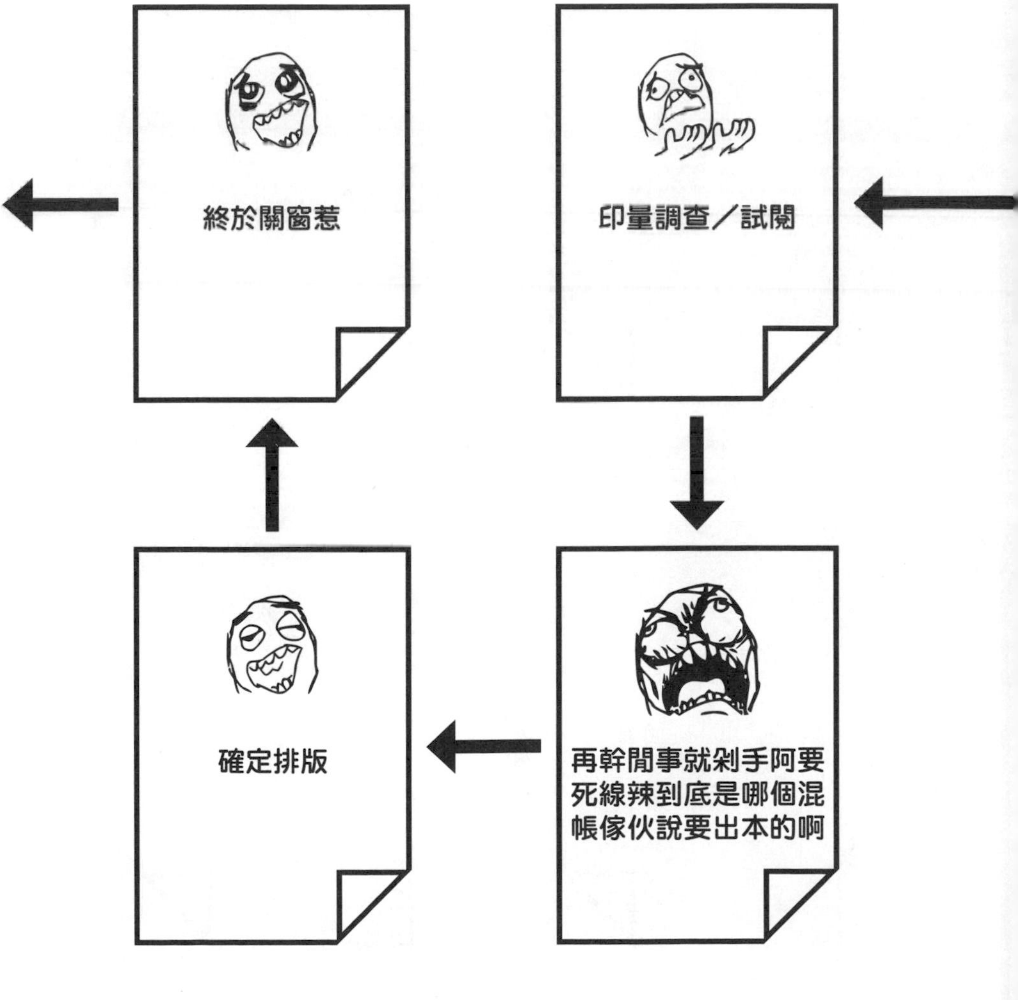
印量調查／試閱
再幹間事就剁手阿要
死線辣到底是哪個混
帳傢伙說要出本的啊
確定排版
終於關窗惹

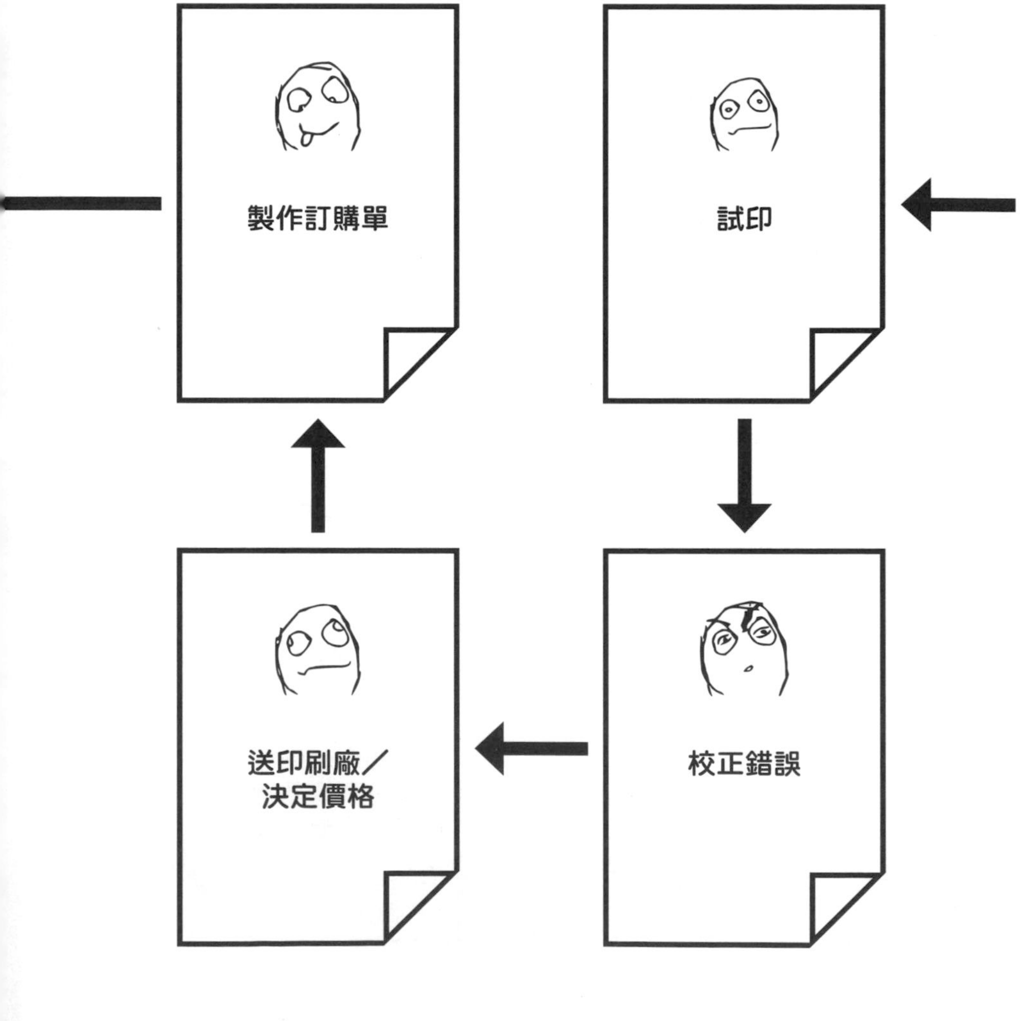
試印
校正錯誤
送印刷廠／
決定價格
製作訂購單

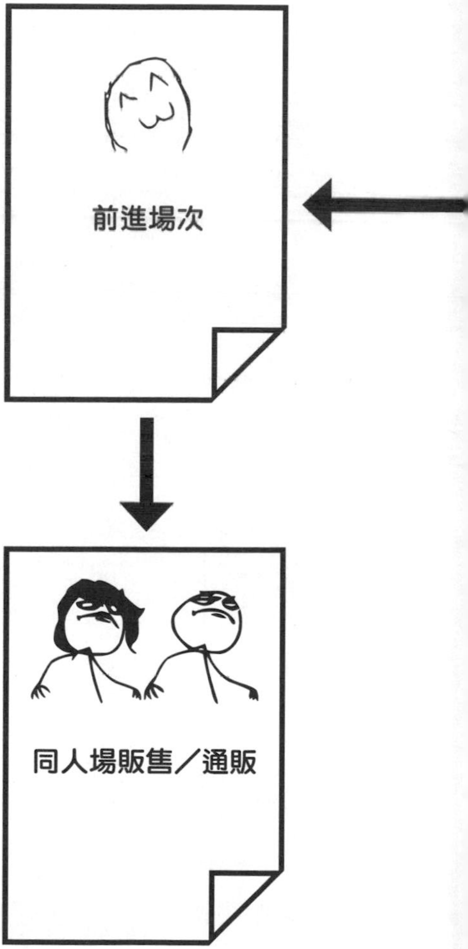
前進場次
同人場販售／通販

同人用語聽不懂？

來問神奇海螺吧！

同人場次介紹

CWT

Comic World Taiwan 台灣同人誌販售會

由台灣同人誌科技股份有限公司主辦，主要地點辦在台灣大學綜合體育館，後來陸續在台中逢甲大學、高雄舉辦（為CWTT、CWTK），之後更是在香港九龍灣國際展貿中心、展貿廳2（CWT—HK）、雲林劍湖山（CWTY）舉辦。參展人群多以女性為主，參加社團作品多也以女性向為主。

舉辦時間：多半在十二月及寒暑假舉辦，而香港場則大多在九、十月舉辦。劍湖山場時間不定。

FF　Fancy Frontier

由開拓動漫祭舉辦。場內以同人社團為主體，並且邀請日本的動畫製作者、聲優或是漫畫創作者，在會場進行座談會、簽名會或聲優演唱，也有各種各樣的舞台活動。

舉辦時間：農曆春節後的週末、七月的最後一個週末舉行。

PF　Petit Fancy

由開拓動漫祭舉辦。有特別企劃「同人社團原創刊物獎勵辦法」，參加且通過審核的社團即可獲得攤位費折價券，以鼓勵更多國內社團加入原創的行列。另有「原創漫畫徵稿」活動，入選作品可獲得ＰＦ系列活動的免費攤位及免費的廣告版面。

舉辦時間：春、秋兩季。

CN

Comic Nova 原創作品交流展

由開拓動漫祭舉辦的原創 ONLY 同人展，活動地點近年多在師大分部中正堂。

舉辦時間：秋季。

GJ

Grand Journey 同人誌展售會

最初由業餘同好性質的ＧＪ同人防衛委員會於台中地區舉辦，該團隊二〇〇九年登記成立基階多媒體行銷工作室。

舉辦時間：不定。

ICE

In Comic Energy ICE 動漫之力同人誌販售會

由星石工作室主辦，場次主題有原創與綜合，通常在花博爭艷館舉辦。

舉辦時間：春或夏季。

ONLY 場

通常由同好自行發起舉辦，會有特定主題，針對題材、角色配對、作品等。

舉辦時間：不定。

Comiket（コミケット）

Comic Market（コミックマーケット）

日本以及全球最大型的同人誌即賣會，目前通常在東京國際展示場舉辦。

舉辦時間：每年八月的第二個星期五至星期日和十二月二十九日、十二月三十日及十二月三十一日。

本書內容出現的動漫或同人小知識

〈這就是愛——從迷與二次創作談起〉

二次元
因傳統動漫電玩媒介為平面創作，即二維空間的概念，因此用來泛指動漫作品中的幻想空間；相對而言，現實世界則是三次元。

〈當汽油人遇見初音未來——談當代同人生態系的構造〉

初音未來
Yamaha 開發的語音合成軟體 Vocaloid 2 的著名印象角色，即代言該軟體的虛擬歌手之一。

pixiv
日本最大的網路圖文創作交流平台，使用者可以發表其插畫、漫畫、小說創作並與他人進行交流。

niconico 動畫

ニコニコ動画，又稱微笑動畫，是日本最著名的影片分享網站，與 YouTube 相似，但 niconico 的最大特色在於，提供觀賞者可在影片上直接加上字幕留言的功能（稱為彈幕），中國的山寨網站是 bilibili。

PV

Promotion Video 宣傳錄影帶，等同於ＭＶ（Music Video）音樂錄影帶的意思。

VOCALOID

Yamaha 開發的電子音樂製作語音合成軟體。編輯介面會隨著不同版本更新，且配合不同的人聲資料庫，以及虛擬角色形象，因此有很多虛擬歌手代言。

場刊圖

在同人販售會的場刊中，各參展同人社團以規定格式繪製代表該社團作品的圖案，讓入場者在翻閱場刊時，可以尋找有興趣的攤位，類似社團廣告。

〈台灣同人活動的轉變與特色〉

CLAMP

日本同人出身，堪稱為最強賣萌的女性漫畫家組合，目前成員有四位，以華麗風格與龐大的世界觀為特色。著名作品有：《聖傳》、《庫洛魔法使》、《TSUBASA 翼》、《xxxHOLiC》等。

BBS

電子佈告欄系統（Bulletin Board System），初期為撥接式。九〇年代在台灣臺灣學術網路盛行的網路論壇系統。其中批踢踢（PTT）至今仍相當活躍。

J禁

傑[redacted]斯事務所關係者禁止閱讀，亦不可在非同人誌相關（不理解同人誌）的公開場合販售、展示或發表。是以J系藝人為創作對象的社團，所自己發起的自保兼自律規制。

POD Print On Demand
按需印刷。按照用戶的要求，依指定的地點和時間予以提供為目的，直接將所需資料的文件數據進行數碼印刷、裝訂。

〈少女啊，要胸懷百合！台灣百合同人文化發展的初步觀察〉

女性向
在日本ACG作品當中特指以女性族群為訴求對象者。

BL
Boys' Love的縮寫，用以代指男性間的戀愛的創作類型。

男性向
在日本ACG作品當中特指以男性族群為訴求對象者。

GL
Girls' Love的縮寫，用以代指女性間的戀愛的創作類型。

〈幻想中的幻想鄉——同人與二創的東方〉

虛淵玄——《魔法少女小圓》的編劇，Nitro+公司董事、男性劇作家。

東方例大祭——是每年春季在日本關東舉行的東方 Project 專門同人誌販售會，為目前最大的東方 Project 專題活動，參加人、組織的數目是當中最多的。

死線
散
燃燒吧，
我的小宇宙！

這就是愛

從迷與二次創作談起

文—李衣雲

現今，世界各地的動漫同人展蓬勃發展，日本的Comiket、美國的Comic-con入場人數動輒數十萬，台灣的CWT、FF每場也都有數萬人，寒暑假時更是上看十萬人，很難想像一九七五年第一場Comiket的入場人數只有六百人，而台灣在九〇年代的同人展更是雖小卻不擁擠。

在這些會場上，除了排隊排得殺氣十足的大手攤位之外，總是會看到還有許許多多小攤位，沒有宣傳、不會招攬，攤位販售人默默地畫著自己的圖、或沉浸在社入時搶到的本子裡，堅守陣地，並不因乏人問津而提早退場。

會場外，扮成各種角色的COSER們，擺著角色著名的姿勢。問他們：「39度的氣溫，把自己封死在紙盒里不熱嗎？」——這位扮的是鋼彈，實在太像了，完全看不出是紙作的；「寒流來襲，露出絕對領域不冷嗎？」——其實太多角色符合這項描述了，不過這位是月光仙子——答案當然是會熱和會冷。

走在會場附近(包括方圓三公里內的車站)，類似以下的對話有如電波般不時竄入耳中：

「因為要寫本趕印，報告交不出來，被當了。」

「為了作這幾套科學小飛俠，我們五天五夜沒睡。」

「為了要出角，每天不能吃三餐以外的任何東西，保持身材。」

「繪師畫的根本不是能穿得上身體的樣式呀！為了一條腰帶，花了我N小時在研究和服。」

「前面排的那個人竟然還邊翻本邊考慮要不要買，結果最後一本被旁邊那排的人買走了！沒有事先作功課就來戰場，太可惡了！」

(以下族繁不及備載)

這些現象的製造者往往「其詞若有憾/怨焉，實則喜也」。然而，對這樣的狀況竟甘之如飴，絕不是因為他們是被虐狂，而是因為——愛。

同人誌這個名詞，原本指的是一群同好合資自費出版自己的作品。日本在明治時期的文學界，印刷術不像今日這麼普及又便宜，要找出版社出書很困難，要獨力出一本書也很難，所以同人誌這樣的產物就順勢而生。除了原創作品外，慢慢地也出現了自費出版的文學評論、漫畫評論，以及閱讀原作後衍生出來的二次創作【註1】同人誌。隨著印刷費的下降，個人誌成了同人圈的主流。

所謂「誌」，指的是紙本，但在網路普及之後，要分享自己的作品不一定要花錢出版成冊，更不一定是用文字或圖畫表現，還可以剪接影音、製作遊戲或角色的配件、Q版公仔，甚至將角色概念化作出代表色手環、飾品等，COSPLAY更是完整複製出角色的實像。從二十世紀末以來，同人的概念已經脫離了「同人誌」的平面範疇，迷們的心血結晶，我將之通稱為同人作品。

要作出一個同人作品，花費的金錢與心力絕對不小，因為這個作品其實代表了迷們自我的表現。對消費者來說，選擇這個角色／商品而不是那個角色／商品的原因，從來都不只是客觀的，還包括了主體經驗的投注與詮釋，也就是P．布爾迪厄所說的「品味」。品味的形成與我們在社會中所處的社會地位、生活經驗、價值觀、自我等息息相關。也因此，當我們在消費一樣文化商品時，也是在實踐自己的品味，而他人也把我們所展現出來的品味，當作理解我們的一個指標。

那麼，當一群人共同去想像、感受一個文本、一個角色、一個文化商品時，這些人彼此間容易產生親近感，甚至進一步形成同好團體。任何的團體的形成，成員間必然要有某種關連的存在，或許是利益、或許是感情、價值觀，讓成員們意識到原來「我們是一樣的」，也相信對方對自己具有同樣的想法，如此一來，一個團體才能夠穩定下來。尤其是當這個團體是以某種情感或價值為基礎時，彼此間更容易產生同情或同理心。舉例來說，在路上看到一個人跌倒了，你會去扶起他，這或許出於「我們都是人」的想法，但如果摔跌的是自己的同學、朋友、戀人、或是家人，你可能就不只是扶起他，還會對他的受傷感到心疼。這就是共同體的基礎。以二次創作來說，原作或角色對讀者提供了一種共同的價值或情感的對象，使得迷們能夠形成一個「我群」，並將「我們」與不是同好的「他們」區分開來。

這樣的「我群」對著迷有什麼幫助呢？舉個最簡單的例子，對所有經驗過同人圈的人來說，在連載休刊、出刊太慢、對劇情不滿（足）、喜愛的角色出場太少等等時候，迷們滿腔無處可去的熱情要到哪裡找著落？同人作品是最佳選項之一。有了同人作品，原作連載的兩個時間點之間，有了讓愛繼續的橋樑，不然，以《全職獵人》不定期長時間休刊的狀態，龐大讀者怎麼維繫對它的情感？要是實際生活裡的戀人，在這種狀態下，大概早因「感情不在」宣告分手了吧。

更進一步來說，當「我群」從創作與閱讀的互動，進入到會互相交談、討論劇情甚至實際的生活後，「我群」的凝聚力更滲入迷們的生活，即使對作品的愛有消退的跡像，往往也會努力挽留這份愛，因為它代表了屬於「我群」的標誌。

所以說，一個人挖坑大多比較淺，一群人一起挖坑，就會是要爬出來很難，要拖人下去很容易的深度了。

當然，這種熱情的延長也還是有時限的，畢竟沒有了原作，以原作為基底的二次創作無法存在，所以，一部作品完結後，以原作為共同價值的迷群與二創也會逐漸消散，二〇〇〇年代在日本同人界紅極一時的《鋼之鍊金術師》，如今已是往事不可追，那些曾經敗家來的戰利品，也就成為迷們架上曾經愛過的紀念。

既然我們對於文化商品的消費，投射了自己的欲望與認同，某種程度上，這個文化商品就不只是一個單純的無機物，而已被「人類化」，成為我們理想自我的投射。

比如說，從物質的概念來看，說到底公仔不過就是塊塑膠，一塊塑膠掉在地上，不過就是沾點灰而已，稀罕嗎？但如果這塊塑膠長得跟《進擊的巨人》的兵長一樣⋯⋯竟然讓利威爾吃灰?!趕快撿起來給他拍拍，順便跟他說一下今日沒有好好照顧他的歉意。旁邊沒看過《進擊》的路人經過，大約覺得這個自言自語的傢伙有病需要被遠離，但萬一同樣是兵長迷，雖然不必然會走上前搭訕，但也一定會覺得還好兵長又被好好抱起來了。再或者在巧克力展示櫃前看見蝙蝠俠人偶在宣傳，立刻停下來拍照，臉上帶著詭異的微笑，臨走前不忘買一盒巧克力。至於旁邊那個綠巨人⋯⋯什麼？旁邊有這個物體存在嗎？

這就是人類化或擬主體化。對迷們來說，自己喜愛的文化商品絕對不是一個冰冷的無機物，若非因為他們是自己的分身與表徵，誰願意在已經不算輕的包包上加諸如此多的吊飾？塑膠也是有重量的！

人在生命中不斷追求著意義，文化就是人們界定意義的展現與源頭——無論是所論的高級文化或大眾文化。因此，公仔也好，原作也好，二創也好，這些都是我們對自己存在意義的一種表現。

二〇一四年日本出了一系列的動漫角色面膜，面膜設計成貼在臉上會呈現角色的臉，從《進擊的巨人》裡的巨人、《北斗神拳》的拳四郎，到多啦A夢和鋼鐵人皆陣列在前。為什麼選擇多啦A夢而不是鋼鐵人？因為對迷們來說，必須是這個角色才有意義。面膜初始的目的，是為了要讓臉部皮膚緊緻保溼，只是要用面膜的人，應該不會選擇印著拳四郎或巨人包裝的面膜，萬一用了以後膚質變得跟他們一樣呢?!但是迷們不在意。他們選擇這個而不是那個包裝的面膜，是因為唯有這部而非那部作品乃至角色對他們才有意義，重要的不在實用，而在投射了自身意義的符號價值。

於是，當我們喜愛的文化商品被別人嫌棄時，會讓我們產生整個人格都被否定了的感覺，而我們也會努力地將自己的愛推薦給別人，因為他人對這些文化商品的認可，就等於認同了我們的品味與自我。這也是動漫在台灣的一九九〇年代前，受到政治乃至主流社會的壓制，依然能夠草根地活下來的原因之一。

迷們像這樣積極地推坑、二創，來滿足自己的不滿足，源起於對文化作品的愛。為什麼說是愛？因為愛在某種程度上超越了理性計算，甚至具備了獻身性。

在現代社會裡，作什麼事情多半都會落在貨幣交換的計算裡。但是，當一個人三天三夜不睡就為了出本趕同人展，不只沒稿費，還要交參展報名費，更不要說當天擺攤是無薪的，更有可能擺了一天攤只賣出幾本，如果拿這些時間去麥當勞打工，荷包大約也有數千元進帳，但應該不會有迷們說：「早知道就拿這時間去打工了。」（如果說了，應該會被「我群」以「破壞愛的神聖性」之名逐出群體。）就算萬一因此沒去上課沒交報告被老師當了，怪罪的對象也不會是那個愛的對象。

這就是超越了理性計算的愛的力量。

迷的獻身性在二次元的作品與角色上更能突顯出來。因為基本上，真人的偶像會結婚、會解散、會改變或不長進，即使迷知道他／她永遠不可能回應，但對方既是真實存在的人，迷們仍然會抱持著一絲期待與幻想，會希望自己的付出能得到回報。但二次元不同，角色們既真又幻，是迷們碰觸不到的存在，沒有期待，也就不會計算彼此的付出是否等量。當然，這裡說的獻身絕不是指偶像迷們荷包出的血會比較少，也不是指付出的愛比較少，事實上，在日本，傑尼斯與寶塚迷裡有著明顯的階級排序，要能見到偶像，還得服從迷團體中的年功序列，箇中甘苦，只有熱愛中的迷們才知道吧。

附註

註1 關於二次創作的定義、發展與分析，可以參考：李衣雲，《變形、象徵與符號化的系譜——漫畫的文化研究》（新北市：稻鄉，二〇一二）的第三章，或是東園子，〈妄想的共同體：YAOI社群中的愛情符碼功能〉，收錄於《動漫社會學：別說得好像還有救》（台北：奇異果出版社，二〇一五）。

當汽油人遇見初音未來【註1】

談當代同人生態系的構造

文— Kimball

若想了解當代動漫文化，同人創作絕對是不可忽視的一環。所謂動漫同人創作，即是愛好者利用私人時間、私人資源創作出的「業餘動漫作品」。當前商業動漫作品質量俱佳又容易取得，使得有些動漫迷不會特別去接觸業餘創作的同人作品，加上同人作品在宣傳與流通上的不若商業作品，似乎讓同人創作變成一般人眼中的小眾愛好。

也許同人創作的規模與平均素質比不上商業創作，但從另一方面來看，同人創作圈中創作活動的活躍程度、作品的多樣性與開放性，卻也是商業環境遠遠無法比擬的。例如由無數同人創作者與愛好者，持續培育所創造出來的開放集體創作「初音未來」，已經成為日本重要動漫圖騰。這實例告訴我們，在動漫同人的創作環境中，有可能培育出「征服世界」的新世代作品。因此我們絕對不能忽視同人創作圈的潛力。

若用視覺化的圖式（scheme）來比擬，當代同人創作圈可比擬成一個雙核心結構，這兩個核心分別是傳統的「商品化同人創作」與新興的「非商品化同人創作」。「商品化同人創作」的主軸是實體作品販賣；「非商品化同人創作」的主軸則是在創作社群網站上發行與討論同人創作。

商品化同人創作

商品化同人創作活動的主體是動漫同人作品的創作、流通與販賣，主要的活動場域是由同人誌販售會與專賣店所共同構成的「同人商品通路」。在論及同人活動時如此強調商業與流通，也許會讓一些人感到突兀，但得先區別一般商品通路與同人商品通路，才是商品化同人創作活動在實務上之所以能確立的根本依據。

與概念上的定義不同，在實務上，一件作品被歸類為「同人作品」並非是因「業餘創作」或「非營利的商品販售」，而是作品如果主要在同人商品通路中發行，該作品就是「同人作品」——這是一種完全從通路出發的定義。

在同人商品通路中，常見的作品類型有：畫冊（插畫本）、漫畫、小說、音樂、遊戲、少量的影像創作（動畫、音樂MV等等），以及大量的實物周邊商品。喜歡這些同人商品的同好，不時現身同人誌販售會、實體同人商店或網站，購買喜歡的同人創作。這股由共同喜好與商品交換所支撐、驅動的「同人商品流」，就是維持商品化同人創作圈運作的動力來源。

雖然一些人不太喜歡「商品化」的潛在意涵，但若將同人活動發展初期的科技與社會條件考慮進來，應該可以認定，同人創作的商品化是個理所當然的發展趨勢。日本的動漫同人創作活動誕生於一九七〇年代，在當時的科技條件下，要將自己的作品提供給朋友圈以外的同好欣賞，唯一的方法就是製成實體作品並在實體通路上發行。然而這麼做會產生一些費用，如實體作品製作費（主要是印刷費用）和通路費用（同人誌販售會場地費）等等。因此，若從「回收費用」（不虧本）的角度來看，同人作品的商品化可說是自然的發展。

起初，進行交易、流通同人作品的場合只有同人誌販售會，但隨著同人創作的興盛與同人作品愛好者的增加，定時地點舉辦的同人商品販售會已經無法滿足同人創作的交易、流通需求。到了八〇年代初期，開始出現接受同人創作者委託上架、販賣同人商品的同人書店。商品化同人創作圈發展至此，其制度性「同人商品通路」的雛型已經完全浮現，接下來的發展不過是配合科技與社會條件的進展，逐步完善其運作形式而已，譬如網路同人商店的發展【註2】。

儘管同人商品通路是同人創作活動得以成立的重要制度性基礎，但商業化的活動方式，迫使同人創作在某種程度上必須面對商業競爭。正是這種競爭的態勢，形塑出商品化同人創作活動的幾項特徵：首先，在費用回收與金錢收入的利害驅動下，即便是業餘，創作者也必須盡力維持作品的素質。換言之，商品化的形式以一種事後（ad-hoc）的方式保證了同人創作的製作水準，而一定的作品水準，又是維持、甚至是進一步擴大創作受眾的前提條件。從這個角度來說，商品化對於同人創作圈的健全發展來說，是一個重要的制度基礎。

二次創作的誕生

然而，相較於商業創作，業餘創作者能動用的創作資源往往相當有限。就算費力跨越了作品製作的難關，業餘創作者也鮮少有管道與資源能像商業作品一樣從事行銷活動。在「欠缺資源」與「行銷困難」等先天不利條件的限制下，同人創作其實很難與商業作品競爭。為了在此弱勢條件下實踐自己的創作夢，持續跟商業作品一起爭奪動漫愛好者有限的金錢與眼球，大多數日本同人創作者採取的策略是以「二次創作」（二創）的手法來創作作品。

事實上，大多數的二創是一種「未受原作者授權、逕自挪用既有作品中的各式元素來進行改編創作」的創作手法。在目前的著作權觀念下，這毫無疑問是一種侵害原作者權利的創作手法。然而，這種創作手法不僅是同人創作圈中的主流，基本上也受到版權持有者的廣泛默許。

有多種因素造成了二創在同人創作圈中的主流化。從經濟面來看，首先，二創可以幫助同人創作者跨越「缺乏資源」與「行銷困難」的門檻，在既有作品的角色外觀、設定、世界觀、甚至是歌曲旋律（用來製作同人音樂）的基礎上進行創作，可以大大節省創作所需資源。其次，不用費力的解釋作品內容，就可以直接吸引到原作的愛好者，因此能顯著降低作品行銷的難度。

此外，從創作面來看，二創其實反映許多人的創作初衷——對原作的「愛」——這樣的心情相信許多人都經歷過，譬如小時候許會情不自禁的模仿起動漫角色的必殺技或經典台詞，或是更深入一點，甚至有人已經開始模仿原作，畫起簡單的插畫或編寫衍生故事了呢！這些模仿創作的舉動，其實就是最原始的二創衝動。在這種二創衝動中，除了表層的羨慕或崇拜心理，其核心是「還想消費更多故事」的渴望。這種對原作、對故事的渴望，若能與粉絲們的創作力、行動力與表現欲配合起來，二創當然自然而然的在粉絲間誕生。

總而言之，對大多數本身就是動漫迷、亦從「對作品的愛」出發來從事創作的同人創作者來說，二創其實是種比起原創作品還要自然、合理、同時也容易許多的創作手法。

非商品化同人創作

二次創作，不只在商品化同人創作圈中是主流，在非商品化同人創作圈中也一樣是主流創作手法，但原因有些不同。

與商品化同人創作圈不同，非商品化同人創作的發展前提是網路服務。儘管在〇〇年代早期，非商品化同人創作，例如插畫、小說（當時稱ＳＳ，即 Side Story）、或 flash 動畫等創作就已經在個人網站、部落格、與微網誌等平台上相當盛行，但非商品化同人創作要真正成為活躍的創作生態系，必須等到〇〇年代後期創作社群網站興起。

日本的圖像創作社群網站「pixiv」與影片創作社群網站「niconico 動畫」（ニコニコ動画）上，每天都生產出大量的動漫創作。對創作者來說，在 pixiv 或 niconico 動畫上發表作品，不需任何費用，也沒有製作水準門檻。對愛好者而言，觀賞這些創作不僅免費，而且也不用出門趕赴同人誌販售會，只要在家上網就好。因此，與商品化同人創作圈比較起來，非商品化同人創作圈的首要特色是「低門檻」。

「低門檻」的特性帶來了大量的參與者，進一步造成了同人創作圈的質變。從創作面來看，由於人人都能免費且方便在網路平台發表創作，平均製作水準會比商品化同人創作圈還低，但另一方面，優質作品的數量也增加了，這些優質作品又進一步吸引更多使用者。

在消費端亦有類似的質變：通常大量使用者帶來的紛雜興趣與主題，似乎會讓同人創作圈難以溝通。但社群網站透過各種協助溝通的機制設計，例如熱門作品排名榜、標籤系統、共同編輯百科、關聯演算法、訊息推送機制（上首頁、廣告）、舉辦網站活動等等，不僅讓擁有共同興趣的人可以透過社群網站連結起來，而傳播力較高的主題、話梗、創作素材與技法，甚至可以跨越不同的興趣社群傳播。

在這些特性下，非商品化同人創作圈的運作模式可視為：每天都有大量的創作上傳、被觀看、被評論。有趣的創作很快就會被篩選出來，被推送到創作社群網站以外的網路生態系之中（一般社群網站、微網誌、網路討論區），最後再吸引更多人來觀看與評論。當作品大受歡迎時，其中受歡迎的創作元素（如梗、素材、技法等等）很快就會被進一步分解，再運用到其他的創作作品中。若仿效該創作的人夠多，或創作元素的主題夠廣泛，一段時間後，這些元素就會成為同人創作圈中的固有文化元素。相對的，若特定創作元素在短時間內就引發大量仿效，就是所謂的創作爆發現象。以上這些事件的運作週期都是「天」，而熱門創作所吸引的參與者則是以「萬」為單位。比起用「月」和「千」當現象單位的同人誌販售會，非商品化同人創作圈表現出了網路社群運作的極端性。

由於生產與仿效的週期極快，不熟悉非商品化同人創作的人可能會認為，若某個創作概念能在短時間內吸引大量的人參與，那一定是非常簡單的創作概念吧？事實上，在非商品化同人創作圈中，創作概念常常是積累已久，最後才瞬間爆發成風潮。我以原創同人射擊遊戲系列《東方 project》的熱門二次創作影片〈【東方】Bad apple!! ＰＶ【影繪】〉（以下簡稱〈Bad apple!! 影繪〉）【註3】為例來說明這種情況。

〈Bad apple!!〉是一九九八年發表的東方 project 第四作《東方幻想鄉》中的一首背景音樂。在這首歌曲的眾多二創版本中，同人社團 Alstroemeria Records 於二〇〇七年發表〈Bad apple!! feat.nomico〉受到許多人歡迎，但直到當時，〈Bad apple!!〉還只是一首音樂而已，與影片沒有任何關係。

轉捩點在二〇〇八年，一位網友在 niconico 動畫傳了一支「分鏡」影片，標題叫〈【我想看】Bad Apple!! ＰＶ【誰來幫我畫】〉【註4】。簡單的說，就是該名網友以〈Bad apple!!

feat.nomico〉為旋律，發想了一支音樂MV，但他不會作畫和製作影片，因此，乾脆將「分鏡稿」直接編輯成影片上傳，希望有人可以按照分鏡稿把MV成品製作出來。這個異想天開的點子，後來竟真的引發了一波小型的創作熱潮，不少人按他的分鏡影片製作出〈Bad apple!! feat.nomico〉的音樂MV，並在niconico動畫上發表【註5】。經過這次創作熱潮，〈Bad apple!! feat.nomico〉這首曲子在niconico動畫的創作社群中，便與「音樂MV」的表現形式建立起根深蒂固的聯繫，甚至一度被稱為音樂MV製作的指定曲（課題曲）之一，而這也埋下了之後〈Bad apple!! 影繪〉的創作伏筆。

在〈Bad apple!!〉MV創作熱潮退燒的一年之後，二〇〇九年，一支新的〈Bad apple!!〉音樂MV又毫無預兆的在niconico動畫上發表，這次登場的就是〈Bad apple!! 影繪〉。「影繪」指的是「剪影畫」。換言之，這支影片的內容是將《東方project》中登場的各個人物，透過黑白剪影的方式，配合〈Bad apple!! feat.nomico〉的音樂呈現出來。由於該影片的細節處理細膩、人物動作生動、幕間轉場的安排巧妙等等特點，使得影片發表後不僅立即暴紅，更是瞬間引發〈Bad apple!! 影繪〉的二創熱潮。

二創的基本手法是「替換」。以〈Bad apple!! 影繪〉的二創為例，有人將原本的音樂改編成鋼琴、吉他、管弦樂、紅白機音源、或是3.5吋軟碟機讀取聲的版本；有人將黑白剪影輪廓改成用ASCII字元、圍棋棋盤、雷射投影、彩色沙畫、或蘋果果皮雕刻來呈現。若將《東方project》的人物直接代換成其他作品的人物，〈Bad apple!! 影繪〉就直接變成了其他作品的二創。這股〈Bad apple!! 影繪〉的創作旋風，後來更不限於同人創作圈——一支〈Bad apple!! 影繪〉的定格攝影影片，登上了CNN的節目；而見到這支影片在年輕人之間如此風靡，三味線演奏家「杵家七三」團隊更組織了專業的和樂器演奏團隊，在正式的舞台上表演〈Bad apple!!〉改編曲〈傷林果〉。

從上述〈Bad apple!!〉的案例，很明確地說明了為什麼二創在非商品化同人創作圈中一樣是主流創作手法。這不僅是因為二創可以利用原作的人氣，吸引到眾多原作粉絲的參與，更重要的是二創作為一種再創作，可以自由添加其他作品、主題，以及有興趣的相關內容，引發各種連結效應。這種效應非常適合在運作速度快、參與人數多、關注主題分散的網路平台中發酵，引發各種創作風潮與狂歡祭典。

二創與同人創作雙重結構的整合

在當代同人創作圈中，佔有主導地位的是非商品化同人創作，因其參與人數遠遠超出商品化同人創作，無論在作品數量、產出速度、內容多樣性、還是文化元素（梗）的生產力等等，都顯著優於商品化同人創作。並且由於創作總量多到一定程度，不只優質作品的數量不比商品化同人創作遜色，甚至還因為作品發行的時間較為均勻（有別於同人販售會的檔期固定），反而給人一種「能持續產出優質作品」的印象。相對的，商品化同人創作則立基於非商品化同人所主導的文化元素與支持群眾上，間歇而持續的提供高水準作品，吸引更多人投入同人創作生態系。

在同人創作之雙重結構的分工下，能整合起雙層結構的主體內容，就是二創了。也就是說，商品化和非商品化同人創作，都圍繞著某些熱門的原作來進行。而比起人氣高低，作品特性是否適合二創、能否提供恰當的創作素材，才是決定一部作品是否能成為熱門的關鍵。更精細的說，商品化同人創作與非商品化同人創作所倚重的二創原作特性，其實不太相同。

以圖像創作（漫畫、插畫）為主要創作類型的商品化同人創作圈中，熱門二創原作通常要有眾多的男女角色。男角眾多的作品容易製成BL二創，充滿女性角色的作品則適合創作男性向作品。這就解釋了為什麼在日本的同人販售會中，二戰日軍軍艦美少女擬人化遊戲《艦隊收藏》、歷史名刀美男子擬人化遊戲《刀劍亂舞》，以及充滿帥氣男角的《排球！》、

《進擊的巨人》，會成為熱門的二創原作【註6】。

然而，在非商品化同人創作中，原作自身的性格反倒沒麼重要，所注重的是「作品是否具連結性」，也就是原作是否能自然的與其他作品、主題、有興趣的內容相混合。「連結性」在非商品化同人創作中的優位性，解釋了為什麼在 niconico 動畫上兩大創作主題是《Vocaloid》和《東方 Project》——這兩部作品的設定相當鬆散，只要稍加延伸詮釋，就可以融入其他創作元素而不顯突兀。

儘管本文的討論，一直是透過對照商品化與非商品化同人創作圈的差異之處展開，但最後我必須澄清，強調兩者的差異是一種分析策略。

比起相互獨立或對立，這兩個同人創作圈的關係，其實更像分工協作。例如在大型同人誌販售會舉辦之前，常可看到許多參展社團在社群網站上宣傳即將開賣的作品，將宣傳插畫或場刊圖上傳 pixiv，又或是在 niconico 上傳遊戲宣傳片。

另一方面，創作社群網站上的作品、文化元素或現象，也一樣能應用在商品化同人創作中。把先前在網站上發表的作品，實體化為商品在同人販售會中出售，這種簡單的協作模式自然在所不論。甚至連社群網站上的活動本身，也能成為同人創作的素材，以《東方 Project》為例，就曾有作者統計了社群網站上的創作活動數據，製作了研究評論同人誌《東方社群白皮書》【註7】。

由此可見，雖然商品化與非商品化同人創作各自有不同的制度基礎與運作邏輯，但對悠遊於其中的創作者與愛好者來說，兩者就像是一枚硬幣的兩面。串連其二者的，就是熱門的二創原作，以及作為整體的同人創作文化。

同人創作為什麼有趣？

最後，從一個較為詮釋性的角度切入，來介紹同人創作。

這裡我想討論的問題是：同人創作為什麼有趣？

作為《東方project》的愛好者，我認為同人二創的魅力首先在於能夠從各種不同角度切入、詮釋原作，這極度放大了原作的魅力。同一段故事，同一個人物、同一首曲子，在不同創作者的詮釋下，就會出現截然不同的樣貌，展現截然不同的魅力。隨著二創的生態系一天一天變得複雜深刻，參與這個生態系的人，眼界也會自然而然變得更加開闊，不斷接觸到之前從未感興趣、從未接觸過，甚至連想都沒想過的各式主題，獲得各種各樣的樂趣。

除了同人創作生態系的高速開展與高度連結，另一個商業動漫作品比不上的地方就是總是「緊密的參與感」。在商業動漫作品中，創作者和愛好者從形式上來說必定是分離的，在創作者先創作好商品之後，愛好者才有機會欣賞、反饋、發表意見，但這些都已經無法改變既存的創作。無論結果好壞，商業動漫作品終究是創作者的作品。然而，在同人創作圈中，創作者通常也是作品的愛好者，因此可以很快的對風潮做出調整，做出更為貼近愛好者想法或喜好的作品。愛好者也因為自己的想法或喜好被創作者接納而受到激勵，進一步增加對此二創作品的喜愛。

不同於商業動漫作品帶來的樂趣易隨時間遞減，喜歡上一個二創作品後，樂趣反而隨著投入的深度遞增——這正是同人創作圈最迷人的地方。

如果各位看完這篇文章之後對同人創作圈開始感到興趣，不妨先從網路著手，連上 niconico 動畫，感受一下活躍的創作和參與氣氛吧！

附註

註1　「汽油人」是台灣知名同人創作者 Viva 老師在《同人誌的同人誌》系列作品中創造的角色，影射「因熱愛同人創作不惜燃燒生命」的同人創作者，在標題中作為商品化同人創作圈的代表；初音未來是歌聲合成軟體 Voclaoid 的擬人化角色，在標題中作為非商品化同人創作圈的代表。換言之，「當汽油人遇見初音未來」，即是一種對當代同人圈的「雙核心結構」的形象化描繪。

註2　一些同人商品通路的發展里程碑：第一個現代形式的同人創作販售會 Comic Market 於一九七五年十二月在東京舉辦第一屆活動，參加者約七百人。第一間同人作品商店應是漫畫出版社雜草社於一九八一設立。第一個網路同人作品商店 dlsite 則於一九九六年開設。

註3　http://www.nicovideo.jp/watch/sm8628149

註4　【ＵＰ主が見たい】Bad Apple!! ＰＶ【誰か描いてくれ】：http://www.nicovideo.jp/watch/nm3601701。

註5　見 http://www.nicovideo.jp/watch/sm7284045 。這支影片集合了此次「Bad apple!!」ＭＶ創作熱潮中所發表的、完成度比較高的十三支影片。左上角就是原本的「分鏡影片」。

註6 二〇一五年冬季 Comic Market 的主要作品別社團數統計，見：
http://ascii.jp/elem/000/001/094/1094861/

註7 久樹輝幸，《東方コミュニティ白書》，二〇一四。

妄想萌系少女

訪男性向同人社團

文—孟孟

在以女性向為大宗的同人創作者和同人社團中，男性向的同人創作者從二十年前的「稀有動物」到現在雖然人數還是不及女性向同人創作者多，但無論從參與創作或喜歡的人數到同人誌或周邊商品，都比從前成長了許多，甚至有些男性向同人創作者在同人大場也有上千本的銷量，甚至以此謀生呢！

男性向與女性向的同人活動，除了都有愛之外，在創作屬性、同人活動，以及同人商品消費方面，又有什麼異同呢？

本文採訪了某資深男性向同人創作者A子（這位創作者謙虛表示純屬個人觀察，無法代表其他同人社團發言，所以不希望我們公布名稱，那我們就用A子來稱呼吧），從她的第一場同人活動到現在二十年後仍在場上擺攤，發現不少有意思的觀察。

從小喜歡到大

A子從小就喜歡漫畫、喜歡畫畫，但是家人長輩的觀念還是希望她以升學為主，因此並沒有進入科班，反而考上了當時女生排名前三志願的中山女中。不過，進入中山女中就讀對她來說也算是找到同好的開端，她高一就加入了漫畫社團，也因為這個社團而開始接觸沾水筆、畫紙、網點等等，並且有了第一次同人活動的經驗。

還是小高一時，社團裡的學姊報到了某個同人展（當時還沒有CWT和FF），他們就跟著去賣展刊，印了一千本的展刊卻只賣了差不多一百本左右。當時的社團刊物不像現在的印刷精美、製作繁複，她記得封面還只是美術紙上印黑白的圖樣，而且也因為印刷技術的問題，一次印量都要上千，往往使得賣不掉的展刊只能堆在家裡當牆壁。

除了跟學姊擺攤之外，她去參加的同人活動最早可追溯到某次在外貿協會辦的，他們就是把畫在稿紙上的東西拿去影印做成小卡，一張賣十元。這種小卡式的插畫現在看起來不怎麼樣，但在二十年前，她笑說：「這種像『家庭代工』的東西，在那時候算不錯的了。」

上大學後，她從單張的插畫到可以畫出個三、四頁的作品來，並且也漸漸在網路上認識更多同好，甚至還認識了在遊戲公司工作的編輯，她說：「他們有個投稿專欄，我投了幾次也有被刊登。……但是，現在像這樣的投稿模式，大概不適用了，大家都能自由在網路上發表和分享。而且像是學校社團或一群人一起行動的模式，也漸漸淡化了。從前資源少、資訊取得不易，我們其實滿依賴社團的共同資源或是同好間彼此分享資源。」

A子一面述說自己的「同人發展史」，一面在話語中透露她觀察出的同人圈之今昔對照。

但是，為什麼她會將焦點放在男性向創作上呢？

「因為喜歡可愛的女性角色啊！」A子一副理所當然的樣子，說：「而且我會把自己帶入這個主角，去畫這個角色跟原著裡的其他角色的if路線。」她當初最愛的就是乙女遊戲《安琪莉可》，也從這裡開始她的同人二創。後來覺得很多動漫裡的「女生好可愛」，就開始畫女性萌系角色，但不一定有十八限劇情。

她說：「問我為什麼想要出同人誌？當然是因為實在太喜歡了！看到東西被我畫出來就是一種滿足，不會想到賣得好不好的問題，覺得東西做出來就是……我夠了！」

比較男性向與女性向同人活動

A子說二十年前的同人創作以女性向為主，創作者也以女生為多，想當然耳，筆下創作的角色多為帥哥，比較少萌系角色和畫風，也很少畫十八限的東西。如果會畫萌系角色的，在那時候的同人圈算是稀有的。

到了二〇〇四至二〇〇八年這段時間，A子說可算是男性向的泡沫期，只要畫得稍微不錯的，都能有一定的銷量。但是近幾年網路興盛後，在網路上輕易可見大量同人作品和插畫，因此同人作品除了傳統的美圖之外，勢必還要有其他元素（如十八限的東西），也因此十八限作品才日漸興盛。

然而，據A子觀察，她發現女性向的讀者，除了看作品的「視覺效果」之外，更多考慮的是劇情、配對，甚至連作者都是檢視的一環。男性向讀者則以作品為主（或是爽到就好），少對作者本身有其他考量因素，甚至比較喜歡購買周邊，尤其是幫他們配好成套的東西。這也讓她有另外一個發現：女性自己創作的比較多，如果沒有喜歡的配對，通常會畫的就自己畫，但是男性（或是男性向）則是「算了，再找其他的」。

「我覺得在台灣，女性向讀者足以養活女性向作者，但男性向作者則需到日本去另謀生路。」雖然A子的本本和周邊賣得不錯，但在女性向確實比男性向龐大的台灣同人圈，A子每年除了參加台灣大小同人場之外，也會去參加日本的。

她也幫我們比較了台日的同人場差異，她說最一目了然的就是，「台灣的同人場對同人社團比較友善，而且報名費也比日本低，但日本有更多的小ONLY場。」

從高中參加漫畫社團到現在結婚有小孩了還是「台灣幾乎有場就去」的同人創作者，同人創作是她打從心底的愛，但她在訪談間也不時爽朗地跟我們說同人創作「說到底都是妄想啊！」

結束這次充實的訪談後，我們希望大家的妄想長長久久！

死線
散
讓專業的來!

台灣同人活動的轉變與特色

文— Miyako

時至今日，「同人」此一日文名詞在台灣已經廣為人知，其定義也隨時代流變，不但與其原始定義大相徑庭，也歷經好幾次翻轉、變化。過去一般台灣所知「同人」一詞的來源，是一八八五年以日本作家尾崎紅葉為中心的「硯友社」所出版的《我樂多文庫》，社友間彼此互稱「硯友社の同人」；但其實早在一八八一年（光緒七年），台灣就有丘逢甲與友人同遊台南的唱和之作《同人集》（即《竹溪唱和集》）了。由此可知，「同人」的原始定義為「志同道合之人」，而「同人誌」即為「一群志同道合之人共同製作的刊物」。

聖鬥士星矢促成女性向二創熱潮

若說現今定義下的同人誌，則要從一九七五年日本第一屆 COMIKET（同人誌販售會）談起，來場者九成為國高中女性少女漫畫迷。一九八三年《足球小將翼》電視動畫播放，為日本同人創作迎來第一波高峰。一九八六年《聖鬥士星矢》電視動畫播放，這部原本以小學男生為客層目標的動畫，在荒木伸吾與姬野美智的美形人物設定之下，讓國高中女生成為支持這部作品的中流砥柱，而這些漫畫社團的女性正是同人創作的主力，可以說，《聖鬥士星矢》促成日本女性向同人創作的空前巨大熱潮，至今沒有其他作品能出其右。並且這一主題的同人創作也吸引一大群創作者投入，許多日後都成為相當傑出的職業漫畫家：如高河弓、橘水樹（現改名橘瑞樹）與櫻林子（紫宸殿）、碧野 PINK、緋色れーいち、東里桐子、CLAMP、中川勝海、宮城理子等等，都是箇中翹楚。

台灣在戰後實施限制日本文化的政策，要聽到日本音樂、看到日本書都十分困難，也被視為一種禁忌，直到一九九四年三月才全面開放日本文化產品的輸入。但在此前一九八七年解嚴時，民間盜版日本漫畫與音樂產品就已相當氾濫，原版文化產品也悄悄透過特定書店、唱片店輸入。日本當時方興未艾的《聖鬥士星矢》同人創作，就這樣承載著「同人」的概念，與該作品的動畫錄影帶一起傳進當時台灣國高中女性的閱讀領域中。最晚在一九八八年間，筆者同學當中就已經有人擁有《聖鬥士星矢》日本同人女性向作品了，內容絕大多數皆描述美型的少年主角們戰鬥餘暇的男男戀情。

約當此時，「大然」前身「金歡樂」版聖鬥士二十五集開始收錄日本的同人二創「星矢小劇場」；可惜其中刊登的作品經過篩選，男男戀情較為明顯的作品全被剔除。

台灣同人創作的萌芽

當時閱聽者若想看更多作品，可找盜版或輸入日文書的管道【註1】，來取得青磁BIBLOS等半地下出版社出版的同人誌合集《Made in Seiya》，甚至同人原本，得以一窺所謂「同人」創作形式的原貌。

這種新鮮的二創形式，提供當時女性閱聽者一種全新的「閱讀文本」途徑——藉由主動創作、重新詮釋，來表達對於該作品的熱愛，同時抒發創作欲。這些女性閱聽者也想要學習日本的同人創作，自己根據既有的文本來創作、印製作品，並與同好交流。

剛好那時候的印刷、影印成本逐漸降低，加上二創因為已經有原作作為背景，創作門檻比原創故事要來得低許多，寥寥數頁就能呈現一個故事片段，等到累積一定頁數，送進影印機，手工裝訂，完成屬於自己的「作品」——而其他同好依據共同的「背景故事」，馬上就能共享「片段的呈現」——這就是台灣同人誌的萌芽。

當年「BL」一詞尚未出現，「同人誌」跟「同志」幾乎被畫上等號，因為這些東西是打包一起被傳進來的。在「同人」、「BL」歷史與定義尚未被釐清之時，媒體或一般大眾認知常常陷於混淆與誤讀，或許也情有可原。

台灣早期同人創作

一九八九年，游素蘭《傾國怨伶》和高永《梵天變》登上華尚出版《周末漫畫》，一九九〇年林政德《YOUNG GUNS》在時報文化《星期漫畫》上連載。在盜版漫畫的末年，這幾部國人原創作品問世，同時刺激當時對創作漫畫有興趣的人「有為者亦若是」【註2】。自此，台灣的同人創作發展開始逐漸與日本「同步」，卻也因為地緣與獨自的環境，發展出屬於自己的風格與傾向。

初期台灣同人創作團體的組成，與日本類似，多為學校社團與私人同好社團，像是北一女、中山女中、成功高中、雄女、建中、清大、成大、台大、政大等動漫研究社（或其前身）紛紛創立，許多成員後來也都持續參與動漫畫相關領域。一九八七年原始班底為開南商工美工科的ADT，於一九九〇年出版台灣第一本同人誌刊物《COMIC Q》、C.A.T出版《黎曼空間》，以及一九九一年地平線出版首本社團刊物。這些刊物上的作品以原創居多，並且早期重要社團的成員，例如咎井淳、黃佳莉、星亞、王宜文、孔德儀、T.T.麻亞等等，這些女性成員後來都在商業漫畫界占上一席之地。

在那個還是撥接上網以秒計費的年代，同人社群和BBS（電子佈告欄系統）同樣正值萌芽階段。同人社群交流的需求讓他們尋求自力救濟，至少在一九九二年，社群間就已經發展出一種特別的「留言本」制度，供同好口耳相傳交流，在特定地點如阿克漫畫便利屋、ESP漫畫專賣店、千業影印店等等，吸引許多年輕女學生（多為高中生）聚集交流，交換圖文創作與感想；也有專門供同人族群聚集的定點如妙鄰餐飲店。有些受歡迎的同人創作者或團體如伊達【註3】，也會像日本社團定期發行小報，將作品影印裝摺，手工加工之後寄或送到同好手中。

台灣最早的星矢同人誌是一九九三年四月「Jobaco」的個人誌《SCORPIO》，最早的幽遊白書同人誌，是雙人組合（柴士敏與Dac. Tt）「FISH BONE」同年十一月的同名誌，而最早的星矢合同誌，則是「聖鬥士的狗窩」於一九九四年上半年的《星矢計畫》。此外，當時還有一群人喜歡日系音樂，如視覺系樂團或傑尼斯等等，早期視覺系樂團與所謂J禁的同人創作也在此時傳進台灣，吸引更多人創作。

早期代表性社團還有「Step by Step」、「赤精衛」、「祕密結社」、「螢幕殘像」等等，文字創作團體則有「午夜之海」，大多是原創與二創併行。這些同人誌大多得自日本同人作品的啓發，在製作上充滿手工感的趣味，台詞、後記等等不是手寫，就是手工剪貼字，甚至由於彩色印刷昂貴，就連封面等外包裝也有可能是手工加工黏貼或上色。

台灣早期同人活動與布袋戲

有史可考的首次大型同人活動，為一九九三年八月二十一至二十三日在松山外貿展覽館舉辦的「九三台北國際漫畫動畫聯合展示會」，由「高雄傳說漫畫人資訊館」主辦，「展群展覽公司」承辦，「神奇地帶第九調查局」及「台南狂熱份子」協辦，但當時同人攤位只依附在商業活動下，以展示為多；活動於隔年七月舉辦第二次後結束。

事實上，一九九四年之前就有零星同人社團發起非常小型的販售會，差不多就是同好聚集起來交換本子那樣的小規模。同人團體自發性舉辦的正式販售會，咸認始於一九九六年十月十三日「超級橙組」在台北熊寶寶紅茶屋舉辦的「秋日派對」。筆者記憶當時攤位約十五攤左右，但就在這場上，台灣同人誌也迎來屬於自己的第一次高峰——布袋戲同人創作熱潮的前兆，其中首本布袋戲同人誌就問世於此時，是以霹靂布袋戲為本的《掌中風雷動》（照世黑暗道）。

這是台灣首度以本土作品為文本進行二次創作的領域，吸引許多優秀的圖文創作者紛紛投入，像是「SOMA」、「溪草堂」、「憐書」、「毒蓮花」、「錦瑟／子午弦」、「丁冬」等個人與團體，在當時都是箇中「大手」。

BBS論壇也在此時成長到一定規模，創作者開始大量利用論壇討論、張貼創作文章或販售訊息，建立即時交流網絡，帶動這股熱潮。

試推想一下：最早受大眾矚目的網路小說是痞子蔡的《第一次的親密接觸》，一九九八年三月開始在成大BBS「成大資訊所」與「貓咪樂園」發表，但毒蓮花（Siren）的天宇布袋戲同人小說《星辰墜落》一九九七年三月就在成大BBS「夢之大地」同人誌版發表了。

布袋戲同人熱潮持續許多年，這些女性同人勢力也成為霹靂等布袋戲的主力支持與消費群，甚至反過來影響了往後布袋戲的偶頭造型、特效與故事走向。

繼「秋日派對」後，包括台中「大爆爆」、台北火車站六樓「春日派對」等在內，光一九九七年就舉辦了七次同人販售會，其中有值得紀念的「Comic World 台灣1」（CW1，十月二十五—二十六日），這是日本網點公司ＳＥ與臺灣捷比漫畫便利屋連鎖，首度將ＳＥ在日本主辦的「Comic World」同人誌販售會活動引進台灣，兩天就有共兩百攤。後來捷比與ＳＥ分家，捷比活動名稱為「Comic World Taiwan」（今「台灣同人誌販售會」公司「ＣＷＴ」前身），ＳＥ則為「Comic World SE」，兩者各自將活動系列發展至台中、高雄。

最早除私人社團、學校社團與一些商業單位外，最常舉辦販售會的就是捷比、ＳＥ、導航基金會等等，還有ＢＢＳ站同人相關版（包括 COSPLAY）的特定聚會。首次「開拓動漫祭」（Fancy Frontier）則要等到二〇〇二年十月五日才在臺北世貿二館登場。這幾年間，每到販售會前，許多同人創作女性都聚集在千業印刷隔壁的麥當勞趕稿，或是回收留言本，成為當時在台北令筆者印象最深的風景之一。

台灣同人創作的特色

台灣同人創作緊抓日本腳步，同時也堅持著本土色彩。

除歷久不衰的布袋戲、J家外，早期的魔神英雄傳、星矢、銀英、幽白、灌高、大搜、封神、鋼彈（主要從W開始）、EVA、少革、戰國、棋魂、海賊王、網王、鋼鍊……台灣一次潮流都沒缺席過。此時，POD（Print on demand）機器也已引進，利於少量印刷，只是每本單價偏高。值得一提的是：一九九九年四月以「溪草堂」為主的班底出版台灣唯一一本專門報導同人資訊的刊物《同人世紀》，可惜隔年出了第二本後就結束了。

有段時期，販售會場上周邊商品相當多，創作的漫畫或小說本反而相對顯少。直到APH領頭振興，繼以大振、銀魂、家教、黑執事、死神、黑子、K、巨人、腳踏車、刀劍、阿松等，創作品又多起來，更有甚者，在台灣同人創作場上，魔戒、HP哈波、DC與Marvel（索爾洛基、超蝙、盾冬等）、SPN、BBC夏洛克、漢尼拔、KINGSMEN等歐美影視領域，就比例上也比日本來得風行，也發展出日本少見的偏美式畫風。

由於印刷術日漸進步，APH時期電繪已相對普遍，漸漸地，台灣同人誌不但在製作上高度運用排版、製圖軟體，印刷上也嘗試各種商業出版較少見的特殊印製與裝禎，如燙色、挖洞、凹凸、特殊紙、書盒等等，以期達到實驗效果，讓外表設計也成為呼應同人創作的一部分。如二〇一〇年七月發行之APH同人誌——普魯士季刊《PQ俺樣號》（京子、都筑彌己、良子合同誌），將擬人化普魯士的所有「梗」恣意玩弄成一整本流行時尚雜誌，更仿照時下雜誌習慣附贈不織布袋，從封面到內容煞有介事，展現高度的創意與設計功力。

多元化的同人活動

網路平臺的發達，則是同人交流不可或缺的推手。除了BBS歷代各站（地下社會、夢之大地、陽光沙灘、KKCITY以及其他不計其數的交流站，直到現在的批踢踢）歷久不衰，早期的無名小站、天空、奇摩家族等等，到現在的PLURK、Pixiv、NICONICO、百度、微博及最近的LOFTER，不管是日本、中國大陸還是台灣自己的界面，都可以看到台灣同好與外部交流的動能與野心。

早期的留言本被可以貼圖排版、即時溝通的網路取代，消息傳播（推坑）起來也越來越方便快速。

近年，FF與CWT成為同人販售會雙雄，攤位數逐次累增。二〇〇八年八月CWT19的社團數兩天近二千攤，來場民眾約三萬五千人，首次連續兩日啟用台大體育館一樓、三樓、走廊、國際會議廳等等。二〇一五年十二月CWT41兩天攤位數達二千七百攤，比CWT19多用了B1與四樓。

漸漸的，台灣同人市場也已經大到可以像日本一樣辦 ONLY 場了，而分眾化也是一種大勢所趨。首場有史可考的 ONLY 場早在二〇〇四年二月二十九日，由「闇夜無限」舉辦的「網球王子手塚國光╳不二周助 ONLY 同人交流販售會」。之後也有原作品官方舉辦的 ONLY 場，如台灣光榮在二〇〇六年二月四日主辦的「遙久祭 2006 in Taiwan」，官方利用同人場抓住死忠客群，而對同人粉絲來說則是獲得官方肯定、與官方直接交流的良機。

從此以後，這些分眾場次方興未艾，越辦越盛。雖然看似分眾，但攤位與入場人數卻皆不可小覷。以最近當紅《刀劍亂舞》遊戲為例，二〇一五年七月十一日遊美迪亞舉辦的「百刀繚亂 台灣2」就有二百零四攤。有些 ONLY 場更是將販售會本身「玩」成同人創作，如二〇一四年六月一日團兵幸福委員會舉辦的「團兵 ONLY — Mr. & Mr. Smith —」，大手筆借來台北小巨蛋星光廳，將整個活動辦成該CP的婚禮：紀念合本、紅毯、吊燈裝飾、入場券做成喜帖，婚禮小物、謝卡，CP COSER 可得結婚證書、婚禮、遊戲、抽獎等等不一而足，來場者皆盛裝出席，是近年來筆者遇過最別出心裁的販售會。最近更發展出「茶會」的聚會形式，就單一主題進行同好（包括 COSER）交流，主辦單位設計活動，讓同好們能一起沉浸在自己喜歡的作品氛圍當中。

前一波台灣以本土作品為本的同人創作風潮是布袋戲，此國粹也經由同人女性傳播到日本。現在台灣二創所本的範圍不但日本、歐美作品通吃，中國大陸的《盜墓筆記》、《全職高手》、《琅琊榜》，以及台灣小說《特殊傳說》、《因與聿 案簿錄》和舞台劇《新社員》也在狩獵範圍之內，足見台灣二創對於作品的接觸範圍之廣，創作欲之旺盛，同時具備自己特殊的強烈性格。

至於原創同人作品，多年來也一直都沒有停歇，默默耕耘的作者們也開始形成原創ONLY。

今後台灣同人將繼續開出怎樣的奇花異卉，仰賴有志於此的同好們一起玩出更多不羈的創意。

PS：謹以此文紀念舊友Jobaco。如果妳在，當會創作出更多美好作品，並欣喜於今日同人界的發展，願我們在這裡的努力，沒有讓妳失望。

附註

註1 一九八九年台灣第一家漫畫便利屋開設，可謂引介此類原文出版品的指標。

註2 游素蘭與高永甚至分別參與繪製前述金歡樂「星矢小劇場」。

註3 《傾頽主義》即始於一九九二年左右。

線上與線下都在燃燒

動漫迷參與社團之變化

文—余曜成

好多年來，常常從動漫迷談話之間聽到「為何要參加學校的動漫社團？」的耳語。

是啊，現在網路上那麼多論壇或同人社團，可以討論又可以分享（包含謎片），可以切磋畫技又可共同參與同人販售會分擔風險，為何我們要參加學校的動漫社團？對我這個曾在校外經營聲優歌友會，又回到學校經營動漫社團的評論者而言，網路社群的形成，確實改變了同人現象與其社團組成方式。

從台灣最早動漫社團說起

台灣最早的漫畫社團得從約莫在一九四〇年前後成立的「新高漫畫集團」說起【註1】。當時主要成員為日治新竹州人，並都參與新日本漫画家協會開辦的函授學校課程而認識，耳濡目染後，模仿當時日本的漫畫團體集結方式共組「新高」【註2】。

一九四五年，新高集團成員與曾任日本岩波書店編輯的黃金穗、藝術家鄭世璠共同出資，合辦《新新》雜誌，這本綜合式藝評誌包含每期兩頁的漫畫（當時為諷刺漫畫），成為這些同人創作的平台【註3】。據洪德麟與歷來的漫畫研究指出，《新新》的銷售數字其實不惡，然而二二八事件後造成雜誌停辦，各成員遂轉往其他方向發展，如四大金剛之一的陳家鵬往油畫等美術方向，而葉宏甲、洪晁明等人則持續進行漫畫創作與刊物連載，直到《編印連環圖畫輔導辦法》實施後直接或間接造成老一派漫畫家整體的崩盤。

從這個早期經典的例子，可以發現動漫無論是成為興趣或是發展成為志業，都需要有媒介、平台來發揮、觸發、學習，這也是廣義的「同人」存在的意義（同人團體、同人誌或是各種變體的形式）。

學校是培養青少年人格、五育發展以及成長環境接觸最久的場域，不過我們都清楚五育是噱頭與智育為優先的道理。漫畫（連環圖畫）在早期，除了中國漫畫學會的一些前輩（如牛哥、李闡等等）鼓吹為一種藝術形式外，普遍被視為一種幼稚、特異、不入流的圖書，學校社團自國小至高中雖有美勞（美術）類社團，但其中惟闕漫畫的教學，甚至在最自由的大專院校之內也無人能明目張膽成立漫畫社，只能依附在正統的學藝性社團之中，直到八〇年代後氣氛轉變，逐漸能以漫畫、動畫之名成立獨立性社團，如台中一中漫畫研究社於一九八二年成立、清華大學光畫社（即動漫社）於一九八八年成立。

相對學校體制內的團體難以成立，校外的動漫社團卻是由來已久。例如一九八二年榮獲第四屆小咪漫畫創作獎優等、目前為攝影家的蔡長菁憶及，在復興商工畢業後，一九八三年曾參加由漫畫家阿推等學長姊們籌畫而成的同人團體「一〇一室青春振動協會」，經常可藉由聚會拿到一些商業出版前的初稿。另外像是開南商工美術科的許朝欽，於一九八七年即與同學成立同人團體「ADT」、編繪同人誌，並於一九九〇年成立全國性同人團體「ADT漫畫聯盟」盛極一時【註4】。另有一批同好深受伊士曼小咪（大然出版社前身）出版附有聖鬥士星矢同人誌的盜版《聖鬥士星矢》漫畫的刺激，號召同學、親戚、朋友的朋友們成立地平線、赤精衛、C.A.T等同人團體【註5】，乃早期漫畫同人圈的風雲社團。

除了上述的漫畫同人社團之外，亦有透過自立公司（工作室、商行）或雜誌平台，揪集同好組成的評論性社團。前者最著名的為黃垣澤的精製動畫坊（動漫精品、模型店），各專業同好莫不以此為聖地聚集聊動漫圈八卦、日本最新消息、動漫畫評論與見解，甚至還印製出版同人刊物【註6】；後者如大然、尖端出版社的編輯所推出的《先鋒動畫》、《神奇地帶》

等盜版動漫畫資訊評論誌，匯聚了一群網路發展前的一流新銳同好，他們發表的專論在九〇年代初期引發動漫圈的熱潮。

九〇年後百花齊放

九〇年代初，新著作權法上路，上述盜版的動漫情報誌停刊，而這些曾經活躍的編輯與執筆，則部分轉移至其他平台繼續發展，甚至在網路發展後，持續大放異彩。

例如，《神奇地帶》編輯駱英毅（殘黨主席），之後曾再度編輯與自創動漫畫評論刊物（包含《勁 TOP POWER》、《全視界動漫畫樂趣誌 Image》、《動漫世代》等等），並且投資開設漫畫便利屋（歐達古卡漫超市）。

也有如《神奇地帶》執筆蘇微希，曾撰著漫畫評論集《微希的漫畫心情紀事》，並於二〇〇一年接手《開拓動漫畫情報誌》，接著在二〇〇二年籌辦《開拓動漫祭》等等一系列同人誌販售會至今。

又如《神奇地帶》執筆譚傑中（JT）曾在台灣東販出版《奇妙的漫畫體驗》，與蔡康永共同主持TVBS「翻書觸電王」節目，於聯合報的《聯合動漫週記》、開拓動漫畫情報誌發表專欄，以及透過「智庫鯨工作室」之名與過去《神奇地帶》的執筆合著發行同人誌《無名的書》。

智庫鯨工作室的執筆經由ＢＢＳ與網路的串連，後來再集結為「傻呼嚕同盟」，他們從出版同人誌《動漫2000》到商業誌《動漫2000》、《動漫2001》後，成為媒體寵兒，其中成員除了上電視、上廣播、翻譯書、續寫評論書籍之外，更策劃了國際書展漫畫館、海洋堂來台模型展與開設大學通識課程等，影響台灣動漫畫評論圈至今。

網路專板與虛擬社群

上述傻呼嚕同盟的O2O社群【註7】的集結模式，其實是搭一九九五年商業網路以及連帶學術網路ＢＢＳ站興起的順風車之便，當時各種動漫畫遊戲的作者（包含漫畫家、製作人、導演、作畫監督……）、作品、系列別的專板，成立於各大ＢＢＳ站。這些專板除了在板內網友有激烈的討論，通常他們就像一般社團一樣，會辦理社群聚會。

在這些專板當中，也出現算是動畫附屬的「聲優」粉絲社群，尤其盛行在伊莉琴斯ＢＢＳ站中。例如二〇〇〇年成立的「林原惠熱血迷俱樂部（下稱林原團）」，就是從伊莉琴斯Ｂ

BS站「林原めぐみの島」板的板友為基礎，經由聲優林原惠來台的契機下，組成接機團，後匯聚而成的網路社群歌友會。他們與一般動漫迷不太相同，不一定看過很多動畫，但是只要是林原惠配音的作品無役不與，迷群也經由這樣子的逆向淬鍊，變成閱覽動漫作品的箇中好手。不過他們更在意的是林原的單曲、專輯CD如何買，哪份雜誌有其蹤跡。林原團除了出版過一般歌友會常見的粉絲刊物、翻譯林原的報導、專書外，甚至做出專屬林原惠MIDI歌曲的同人跳舞機軟體（MeguMiX DDR）【註8】，於同人誌會場擺攤販售。

這種聲優迷群的現象，與東浩紀描述現在閱聽人重視以文本角色為中心的資料庫世代概念有若干相似【註9】。易言之，聲優迷將「角色」擴及到構成動漫文本的利益關係者，以喜歡的聲優為中心，展開與動漫作品或是其他連帶媒體產品的關聯性。也就是相較於文本故事，聲優更像是基礎性的單位，對聲優迷群而言，不一定關切動漫文本內容，反而更關切聲優在其中的表現。

東的概念其實非常適合放在同人社團的演繹上，尤其他的「大敘事衰退」一詞反覆烙印在其「角色資料庫」中，亦能說明在「VOCALOID」、「UTAU」、「CeVIO」等虛擬人聲系統所開發出的「初音未來」、「夏語遙」、「佐藤莎莎拉」等擬人（聲）角色。網友們只以其形象就創造出各式各樣的延伸作品（音樂影片、插圖、漫畫等），形塑出不只單純的軟體系統的存在，也匯聚了同人社團的產生，讓這類包含著 Cosplay、同人創作的販售會得以成真，甚至形成目前同人圈的一大主流。

當然，虛擬社群在網路上更是蓬勃發展，包含極具特色專門製作粉絲字幕、漫畫翻譯的「字幕組」與「漢化組」、「維基社群」，甚至在 Komica（K島）、PTT的C_Chat板（C洽）流連、插科打渾的網友。這種現象讓我們看到網路討論區是沒有資源匱乏性的，網友在各類社群容易進出，他們不一定要成為線上、線下混合的社團，而是從來不曾（也不會）見面的網友，一樣能有實際效果的同人產出形式。

威爾曼（Berry Wellman）的網絡個人主義（Networked Individualism）【註10】就能很適切地描述這種善用網路媒體的鄉民跳進跳出，選擇性地投入社群，而非過去團體式的投入在單一社群上。這也使得社團（社群）參與性的定義產生變化，讓社群意識（sense of community）這個社會心理學用詞逐步受到重視。

社群意識就是一般人、網友對於關注的社群是否產生認同感，若有的話，就能自稱為該社群的一分子。更簡單地說，他們不一定要對該團體有一定的責任，但至少覺得自己是其中的一分子，可以若即若離。

網路社群這種自由的參與，是以往學校社團難以想像的，尤其學校社團的參與大致都要有很多的實際互動與接觸，才有辦法產生社群意識，如今只要登入該平台（FB、BBS）就可以獲得互動，那我們還要定期繳社費、看人臉色嗎？

線上與線下的連結

在網絡個人主義興起的當下，學校的動漫社團可能出現的現象，如男女比例不均、男女雙方集結黨派不和諧、學長姊把持社團讓下頭無法發揮、孤高之人自己玩等等，這些問題不禁令人質疑「不知為何要參加動漫社團」，尤其很多動漫迷透過網路媒體，可以找到更多資源和平台，與社群玩家共同成長和學習，並且找到新的娛樂標的，一起（或獨立）研究。

以往學校社團被賦予領導學習的教育目的，社員則透過社團活動的責任與經營，學習了解行政組織的作為以及與人溝通。但現在誰重視這些事情？況且以往掛上學校社團之名最有用之處在於跟動漫廠商「拉贊助」，如今動漫代理商大多轉型為線上播送授權商，並以周邊商品為其販售大宗，贊助標的已愈來愈難以交換。因此現在多數社團都是自己花錢、付出心力去報名擺攤——其實也不見得需要贊助，同人社團活動變得愈來愈個體化，甚至由此為單位來組織新型態的同人誌展（如 ONLY 展）。

談論到此，不免讓人覺得學校社團的式微已然排山倒海、勢不可擋，不過，這其實也與大部分學校動漫社團聚集了不同屬性成員加入，而容易產生多元的互動（與紛爭）有關。相較之下，線上同人社團的內部屬性則較為專一。

在筆者過往的研究中曾提及「獲得知識」為動漫迷最想參與社團的目的，至於是否能有產出（同人作品），其實要看其個人意願、能力與資源，而在社團內經過耳濡目染的交流互動之後，累積的個人資本也對他們離開學校後持續參與動漫同人活動，有相當大的影響力。這類範例不勝枚舉，如政大動漫社出身的張榮盛（VIVA）、成大動畫社出身的彭希超（彭傑）、台大卡漫社出身的余東穎（咖哩東）等等，這些人在同人創作，甚至商業出版上都有相當傑出的表現。這也說明了無論是線上或線下社團，甚至是「線上產生、線下集結」的O2O同人社團，其實沒有孰優孰劣，也沒有一定得參與哪種社團才會有同人的創作產出，還不如說是一種時代的潮流罷了。

參加社團原本是大學四學分（社團、愛情、學業、打工）的重要項目之一，時代變遷、網路媒體的急速革新之後，大學動漫這類實體社團的重要性已相對變得愈來愈不重要。線上社群看起來勢不可擋，惟O2O社團的發展與威爾曼所述的「線上是線下資本的延伸」密切相關，而同人販售會所創造的平台，也是反向讓以為不被重視的實體社團再度與線上社團結合登上檯面，未嘗不是件好事。

台灣的同人社團與創作體系雖非相當完整健全，然而同人的活力已然透過同人社團的線上與線下集結，發酵在各種策展與平台之中。以目前人才發掘尚未飽和之前，同人平台應該可多而不應減少，如此，「十萬人取一的彭傑」【註11】，或是像「傻呼嚕同盟」等同人出身的後繼新血，才能源源不絕地被發現、被評論、有舞台！

附註

註1 一九九八年漫畫史家李闡的《漫畫美學》中，首次耙梳了陳家鵬、王花、葉宏甲、洪晁明等「四大金剛」成立的「新高漫畫集團」為台灣最早集結而成的漫畫團體，之後一九九九年洪德麟在《風城漫畫五十年》中才提及與老藝術家鄭世璠的聊天中得知「新高」的存在，成員除了四大金剛外，經過田調訪談後增加林河世一員。

註2 「新高」之名或許仿自近藤日出造等人成立的「新漫畫派集團」，其為影響近代日本漫畫的重要推手之一。

註3　二〇〇三年林依俐在其電子報中首次運用「同人」一詞冠名在一九三八—一九四〇年左右成立的「新高」身上，「新高」成為台灣第一個漫畫同人團體之名才不脛而走。

註4　參見《神奇地帶》，第三十一期，一九九二年三月。

註5　參見千翠（二〇一五），〈從「同人女」到「腐女子」〉，收錄於王佩廸主編，《動漫社會學：別說得好像還有救》，台北：奇異果文創，頁五七—六九。

註6　如曾為甲府文化負責人的駱英毅表示，他曾與一些精製動畫坊同好集結小社團為「Comic&anime club」（CAC），並撰寫了首次介紹 Otaku 的刊物，參見網址：http://stno1.playno1.com/blog-1942-4485.html，瀏覽時間：二〇一五年十二月十二日。

註7　O2O（Online to Offline）為一商業行銷術語，指網路使用者經由網站行銷推廣的刺激後，會再到實體店面選購商品。這裡強調的重點為網友在網路集結社群後，會再透過各種活動群聚在實際場所交流。

註8　設計者為出身交通大學的吳建成（WuSimon），當年為數位音樂創作社長。

註9　參見東浩紀（二〇一五），《遊戲性寫實主義的誕生：動物化的後現代2》，台北：唐山，頁二七。

註10　參見余曜成（二〇一五），《動漫透視鏡》，台北：商訊文化，頁一一六—一一八。

註11 參見郭丹穎（二〇一五），〈10萬人只有1人能靠漫畫吃飯，但他成為第一個登上日本《週刊少年 JUMP》的台灣人！〉，風傳媒，網址：http://www.storm.mg/lifestyle/75725，瀏覽日期：二〇一五年十二月十二日。

少女啊，要胸懷百合！

台灣百合同人文化發展的初步觀察

文—楊双子（楊若慈、楊若暉）

什麼是百合？誰萌百合？——天啊，又必須從頭講起嗎？

先說個老故事好了。二〇〇九年二月，我們首次以百合小說漫畫合同誌參與CWT（Comic World Taiwan）同人誌販售會，心想實際接觸的百合控都是女性，報攤自然是消費族群性別傾向的「女性向」。赴現場一看，在滿坑滿谷女性向BL的場上，百合卻全被置於少數的「男性向」攤位當中！當場三觀炸裂。至於那瞬間的衝擊竟然成為後續研究的開端，是另外一個故事了。

百合（ユリ／yuri）泛指女性與女性之間的情誼，消費此類女女同性愛作品的華文圈百合迷群，同樣是以生理性別女性為主【註1】。然而，不僅同人誌販售會，包括商業出版社在內，百合的歸類迄今仍在男性向。

姑且將這個弔詭的現象作為本文的開端吧！

百合是複雜的，在百合文化原生地的日本以及接受文化傳播的華文圈，皆有各自的發展脈絡，百合、GL、女女、女同性戀等詞彙常見混淆，便指出百合文化內在的繁複成因。因此本文冀望在有限篇幅中，提供一個在學術上可以說是起步不久的百合同人文化觀察，而這個觀察毋寧是繫於單純的好奇心：要到什麼時候才會出現台灣的、本土的、原創的，屬於我們自己的在地化百合作品？

同人文化作為百合發展的重要推力

一九九〇年代的台灣動漫界並沒有正式可循的百合文化脈絡，要直到二〇〇四年中國網路論壇「百合會論壇」成立，並成為華文圈百合資源集散地，以盜版形式譯介日本的百合相關作品，台灣才在同一時期由網際網路的跨國傳播而很快地擁抱了百合文化——有多快呢？二〇〇六年十月，尖端出版社推出了台灣第一個日漫百合專門書系「百合」。

百合文化率先進入台灣的出版市場，而非在其他同樣接受網路傳播的華文地區，肇因台灣漫畫出版業對日本動漫次文化接收速度最快。不過，百合文化在台灣的異地根植，並非完全仰賴台灣漫畫出版產業的主動引介，更來自百合迷群的眾人之力——透過網路輿論、出版業者官方管道互動等等方式，介入並左右台灣漫畫產業的選譯出版方向，這些行動在在呈現台灣百合核心迷群的能動性——事實上，這等於是一股來自同人文化的推力。

具體來說，青文出版社出版百合經典小說《瑪莉亞的凝望》的翻譯爭議，即充分展現百合迷群對出版業界的實際影響。《瑪莉亞的凝望》作為經典，青文正式代理的小說中譯本出版之前，無版權的小說、漫畫、動畫中譯版本早已流通於「百合會論壇」，因而核心迷群熟知諸多細節【註2】。二〇〇八年六月，青文出版《瑪莉亞的凝望 Vol. 8 愛戀的歲月後篇》因翻譯失誤遭到迷群同聲抗議，促使青文當年八月推出續作之際必須同時公告更正說明，並將修正後的譯文以貼紙方式隨書贈送，以消眾怒。隨後因翻譯爭議頻仍，青文於二〇〇九年初公開徵選專屬校潤者，以期兼顧迷群意見。

有趣的是，以此為契機，當初於百合會論壇進行無版權小說翻譯的會員「巴黎街頭藝人」，因緣際會成為青文中譯本的專屬譯者，以本名「董芃好」自二〇〇九年十二月翻譯迄今（最新一冊為二〇一五年二月出版的《瑪莉亞的凝望 Vol. 35 我的巢》）。這件事是後話，但若將粉絲翻譯作為同人文化的一塊，或許由粉絲進入專職譯者的例子，也可視為是同人文化的外一章。

當然同人文化的關鍵環節更不可忽略，也就是同人誌的創作。以百合為主題的同人創作很早就在網路上流通，主要分布在論壇及個人部落格。第一篇網路百合同人創作無從考據，不過我們訪問華文百合同人界具高知名度的台灣作家「廢死」（faith），得知她在一九九七年即以《美少女戰士》的角色天王遙與海王滿進行百合同人小說創作，發表於專門討論《美少女戰士》此一百合配對的動漫網站。以此作為可考的案例，得知百合同人創作的網路發展應該更早於此。

百合會論壇成立後，華文圈百合同人創作泰半受到磁吸，無論文字、圖像，原創或二創的同人作品，即使發表在個人的網路空間，也經常同時披露於此——以我們自身為例，包括小說及漫畫創作，評論文章也是以百合會論壇為起點，成為日後集結出版同人誌或專書的部分材料【註3】——其中，相當活絡的百合會論壇子版塊「文學區」，至今發表作品遠逾萬篇，儘管出版為同人誌的比例極低，卻不可忽視許多華文圈百合同人作家出身於此、累積口碑於此的事實。

某種層面來說，百合會論壇堪稱是個仰賴同人文化而得以自我充盈的百合生態體系，而百合文化這個生態體系也是在此滋養蓬勃。這裡大量譯介日本商業出版與同人創作的原創或二創百合作品，並發展原創或二創的華文同人作品。百合會論壇也樂於為華文同人作品提供友善的廣告空間，譬如每年台灣大型同人誌販售會前夕，子版塊「海域」（前身名稱為「灌水區」）便湧入許多宣傳貼文。如今在FF（Fancy Frontier，開拓動漫祭）同人誌販售會固定出攤的百合同人誌連合攤位（簡稱「百合連攤」），總是在FF活動前夕公告連攤訊息，並有百合會論壇子版塊版主予以標題加亮、加粗一類的醒目標識。可以這麼說，這裡催生消費者，也催生生產者，宛如一條銜尾蛇。

同人誌販售會的百合群像

所謂的「同人創作」相對廣泛，出版為實體刊物的同人誌及相關販售活動，也許更適切用於觀察百合文化的異地根植。畢竟，從百合文化的原生地日本到接受地台灣，這些跨洋而在地生產的百合同人誌創作，正是異地吸收外來文化，並且孵育新文化及新社群的實證。

CWT及FF是台灣的兩大同人誌販售會，核心迷群之間有一個觀點是BL更集中在CWT，而百合偏好FF。據此，我們曾針對二〇一一年的FF18同人誌販售會進行社團性質的分佈調查，FF18活動第一天的擺攤社團總數為七百七十四個，創作作品中帶有百合性質的社團共計四十五個，比例為5.8％。對照另一個數據，ＦＦ18第一天活動中販售cosplay相關商品的十八個社團僅佔2.3％，可知百合能量看似弱小，仍然存在一定的發展規模，特別是在小眾化消費時代，這個比例實不容輕視。【註4】

前文提到的「百合連攤」也以ＦＦ而非ＣＷＴ為主力戰場。依照百合連攤總召「春捲」的自述，最初只是兩、三攤，隨後日漸茁壯，直到在ＦＦ擁有專屬的百合花園【註5】。「春捲」在此所稱的「百合花園」，即為ＦＦ主辦單位因應百合社團的常見困擾（百合歸在「男性向」?!），二〇一五年起在「社團主題」增加「百合系」的選項。如此一來，儘管還稱不上攻城掠地，大型同人誌販售會如ＦＦ確實出現了一塊百合營壘。

那麼，ONLY場同人誌販售會狀況又如何呢？

台灣「百合ONLY同人誌販售會」（簡稱百翁）迄今兩屆，分別在二〇一四年三月、二〇一五年七月舉辦，擺攤社團第一屆一百零四個，第二屆一百零九個，購票入場的迷群中不乏來自華文圈其他地區的香港、中國百合控。在表面的參與攤位及迷群數量以外，台灣百翁在百合會論壇點燃的熱度，也應該著眼它如何連帶牽動華文圈其他地區舉辦百合ONLY場，譬如二〇一四年七月的香港百翁，十月的廣州百翁，以及隔年七月的成都百翁，突顯百合文化確實積累一股不容小覷的消費能量。

當然，論號召力、攤位數量，華文圈百合 ONLY 場同人誌販售會目前仍以台灣馬首是瞻。觀察百合會論壇上的百翁相關發文帖，兩屆台灣百翁通常直稱「百合 ONLY」、「百合 ONLY 2」而未標出地名，其他地區則須標出地名，簡稱上也有同樣的情況，台灣多稱以「百翁」，其他如舉辦於廣東、四川的活動，則相對頻繁地出現「廣百」、「成百」等說法。究其原因，還是因為百合文化在華文圈裡以台灣的土著化最深。

如此下一個問題便來了，為什麼說土著化（going native）而非在地化（localization）？因為台灣雖有日漫百合專門書系，也有為數不少的同人誌創作，以及尚稱活躍的同人活動，卻缺乏在商業市場裡強而有力的台灣本土原創百合類型作品。在這種情形下，雖然百合文化已經初見萌芽、達到土著化的階段，卻遠遠不能說是已經生根茁壯、自成體系的在地化。現階段尚可視作一隻腳踩進這個概念裡的是號稱「台灣第一本原創百合刊物」的百合雜誌《莉莉安可》。然而《莉莉安可》創刊號在第一屆台灣百翁（二〇一四年三月）趁勢推出，第二期首賣於ＦＦ26（二〇一五年八月），時間相距一年餘，顯然存在留待觀察的空間。

在此之外，《莉莉安可》的總編輯同樣是「春捲」，作者組成亦有不少是百合連攤的熟面孔，似乎顯示實踐與推動台灣百合文化的核心迷群多為雷同的陣容。這一點目前無須評斷優劣，我們深感興趣的是，這樣的現狀又將如何影響百合商業與同人文化的未來發展？

所以我說那個百合呢？

動漫次文化的商業與同人之間，存在一種互相拉抬聲勢的關係。小眾的迷群若擁有強大而豐沛的消費能量，也可能因而推動同人創作「晉身」為商業市場的類型出版品。在日本，ＢＬ與百合都有相似的軌道。台灣ＢＬ文化的發展也是如此，一九九〇年代中後期，同人誌販售會裡的ＢＬ同人創作以及商業出版社進口的日本ＢＬ漫畫，姊妹同心其力斷金，千禧年之際終於促成一個台灣大眾文學子類型——台灣ＢＬ言情小說。

那麼，百合呢？

來看看這個消息：作為當前台灣百合同人文化具有一定分量的活動，台灣百合ONLY同人誌販售會的官方組織先以「新型態百合交流會」之名著手進行參與意願調查，傳出第三屆將延後至二〇一七年春季辦理的訊息。另一方面，名為「Comic Horizon1.5－いつか一緒に輝いて－」的「百合向（女性角色）ONLY同人誌展售會」橫空出世，活動日期訂在二〇一六年十月，主辦單位是承辦同人誌販售會已有名聲的「ＧＪ工作室：吉桔整合行銷有限公司」，募集一百八十個擺攤社團。

據知，兩個同人誌販售會的內部主要成員有所重疊。內部更迭與決策如何，我們不予評斷，但更加制度化與規模化的百合 ONLY 場的出現，以及「新型態百合交流會」活動可能的落實，會為（包含同人文化在內的）台灣百合文化帶來什麼樣的變化，或者說呈現什麼樣的變化，將是我們的下一個觀察點。

——要到什麼時候才會出現台灣的、本土的、原創的，屬於我們自己的在地化百合作品？這是開啟本文的小小疑問。

這裡所謂的台灣本土原創百合作品，當然指向非同人誌的商業出版品（即商業誌），因此這個問題的核心毋寧更是，什麼時候才會出現屬於台灣本土原創的百合文類？【註6】換句話說，我們並非期盼個別星火閃現的百合作品，而是在不分體裁如動畫、漫畫、遊戲、小說等諸多百合作品的現身匯流以後，一個火光不再輕易熄滅的大眾文化文類。我們深信這個文類的形成，正與同人文化有密切的關聯。

本文聚焦在百合同人文化的近年發展概況，不便分散以文本分析法討論現有的百合同人誌創作，但其中展現的性別主體與在地文化關懷，已然顯示部分百合創作者的強烈自覺及野心【註7】，確實可能帶來從同人誌走向商業誌的內在能量。FF同人誌販售會出現百合系選項，也意味著百合文化／迷群的面貌逐漸清晰。

因而此時我們所能做的，或許僅是秉持威廉・史密斯・克拉克博士【註8】的精神，呼籲台灣的百合迷群夙夜匪懈投入大業。

——少女啊，要胸懷百合！（Girls, be YURI!）

附註

註1 參見楊若暉，二〇一五，《少女之愛：台灣動漫畫領域中的百合文化》，台北：獨立作家。

註2 青文出版社翻譯出版今野緒雪原作小說《瑪莉亞的凝望》，其第一集的譯作與原作相隔九年。我們未曾訪問調查青文做出這個商業決策的關鍵理由，無法斷言百合會論壇及百合迷群對這個決策的影響力為何，但在部分百合迷群的認知中，其關連性不言而喻。

註3 我們以淺色貓、半成品為筆名組成「貓品」社團，曾出版五本百合同人誌，數度參與同人誌販售會，半成品更以本名楊若暉數度發表百合文化的學術研究成果。

註4 基於FF同人誌販售會通常第一天的活動量高於第二天，相對具有參照性，因此我們在此僅引用FF18第一天的活動數據為例。

註5 參見《莉莉安可百合誌》官方網站，「關於刊物」，（來源：http://slam0615.wix.com/yurimagazine#!about/c1eq9），網頁瀏覽日期：二〇一五年十二月二十日。

註6 若單論「台灣本土原創百合作品」，現已有楊双子的百合小說《撈月之人》（2016，奇異果文創）出版，但現階段尚未形成台灣本土百合文類誕生的趨勢。

註7 例如作者Fuka在二〇一五年七月的作品《百合漫步》，以兩個女孩同遊平溪線的小品漫畫，試圖描繪台灣在地的人文景色並推廣觀光。

註8 日本北海道札幌農學校首任校長，其最為人知的名言為：「Boys, be ambitious!（少年要胸懷大志）」。

見證台灣同人創作

訪千業快速影印社老闆謝志松

文—烏露露

只要跟「圈內人」提到想要了解台灣同人創作的文化和歷史，大多會聽到「千業」這個關鍵詞，以及大家用熱切的語氣說著千業老闆怎樣又怎樣的種種傳聞。

「千業」位於台北火車站附近，跟周遭的車水馬龍和新興大樓比起來，這不起眼的大樓、不起眼的入口處、不起眼的電梯，似乎不經人介紹引領，很難發現這裡有著如此充滿熱情的地方。

大家口中的「千業」，在名片上印的公司名稱是「千業快速影印社」，老闆謝志松是同人創作者口中的「謝哥」，雖然他說：「我已經快五十歲了啦！」但無論是哪個年紀的人，來到千業，遇到他仍是喊聲「謝哥」，毫無隔閡。

跟其他影印店最大的不同，到了「千業」門口，就像進入二次元的天堂，入門後的牆上滿是各家同人創作作品，讓人血液沸騰。除了工作人員，不時還有同人創作者來去進出，甚至佔據桌子的一方空間，自己手工加工作品——也許錯身而過的就是哪個大手本尊呢！

從前從前有道小走廊

「千業」從一九九五年八月起就在現址一樓成立，本業做印刷，剛開始還沒接觸同人誌。但到了一九九六年，開始讓影印店的一角給他在做同人創作的高中學妹擺本以及提供同人愛好者的交流，才開啟了「千業」與同人誌到現在都剪不斷的關係。他說：「這在當初被視為次級文化，很多人對『同人』這個詞有許多偏見和誤解，甚至以為是同性戀……有時候，我們這裡如果人一聚集多的話，還會被趕……」

「原先本本從一本開始放，後來全盛時期，一個月有超過一百本的本本放在這裡。這是很驚人的數量喔！而且因為空間有限，要放本本還要『排隊』。」聽謝哥說出「本本」這兩個字，實在讓我們覺得太可愛了！雖然一百本作品在目前動輒上千攤位的同人場不算什麼，但試想在二十年前，約莫十坪的空間，光是「本本」就有一百本，更遑論來這裡擺本和看本的人流了。

那時候，台灣還沒有同人誌的集體販售會，作者頂多就是自己租個小空間，像畫展一樣展示自己的作品。因此，在「千業」同人誌交流的機會特別難得，不牽涉商業行為，創作者和愛好者幾乎都是十來歲的高中生，他們下課後就到這裡來，互相在留言本後面留言或是畫下小插畫，彼此鼓勵。

雖然偶爾也有本本「失蹤」案例，但基本上大家基於互愛互信，還是會將原稿本本放在這裡，謝哥說：「這樣的交流感覺還是很美好啊！大家下課不管什麼時間，就到這裡來，留一下言再回去。」

相較於現在的同人創作者多為女性，以前或許還沒這麼多人投注這一塊，一開始不僅作者有男有女，連作品的男女性向比例也差不多，但是謝哥觀察，「女生比較會在留言本留言，也會兩個人一起在本本前談笑說話。男生可能覺得不好意思（尤其畫得比較裸露的作者），比較不會這樣……。不過也可能因為人不多，只要發現同好，不管什麼都好，所以男性向和女性向沒那麼壁壘分明。」

至於從一樓搬到七樓的原因，除了漸漸覺得空間不夠用，還有很重要的一點，謝哥笑說：「同人女聚在一起的時候，你也知道，那個聲音會掀屋頂！我本身很喜歡熱鬧，但一樓還有其他商家，會被抗議。」

搬到七樓後，剛開始其實非常克難，來看本本的人都在走廊席地而坐——這一個挨著一個席地而坐看本本的景象，甚至還引來國外記者的採訪。

「千業的走廊」大約持續了四、五年的時間，後來又租了更大的房間，才讓大家把本本從走廊移進去。之後，隨著網路和販售會的興起，「放本本」以及「聚在一起看本本」便逐漸式微。但是，這走廊，相信已成為許多資深同人愛好者的共同回憶了。

眼中只有色偏沒有色情

除了闢一空間讓大家放本本，「千業」也自然而然成為大家印本本的地方。但是，為數不少的同人誌不是BL就是大膽尺度，而在印製時一定得看內容來校稿校色，那麼，謝哥會不會覺得怎麼樣？

謝哥說：「我不會刻意去看同人誌的劇情，也不作任何評價，只去注意印得正不正確。」

他憶起曾經有位未滿十八歲的女生，來印自己的BL同人誌。他正要拿起來看有沒有印好時，女生啪的一聲把本子蓋上，紅著臉說：「謝哥，你不能看啦！」

也曾有位男孩子，畫的是女性裸露的圖，來印的時候也不好意思，說：「謝哥，你幫我看印，不要給女性工作人員看。」

還有一次，有本同人誌的畫風偏向寫實裸露，又碰巧是謝哥媽媽來幫忙做書封折口——雖然謝哥「百毒不侵」，但是謝哥媽媽看了還是大為驚訝——就讓謝哥媽媽有些尷尬了。但是經過謝哥的溝通和解說，幾次之後，怎麼樣的內容好像都不會被「驚嚇」啦！

「我們的工作人員早期還真的覺得有些稿子『好可怕』，但我跟他們說，不要用有色眼光去看人家的內容，我們只要管好印務就行。現在倒是不會覺得怎麼樣了，幾乎完全接受啦！我不是要看裡面的內容，如果我要看的話，大概沒有什麼我沒看過的，真的！」謝哥說得理直氣壯，無怪乎不知誰開始說的「謝哥眼中只有色偏沒有色情」這句話，成了同人圈裡流傳的話語。

「但是，實際在擺攤的時候，我覺得適度分類還是好的。」雖然見多了十八禁的本本，謝哥仍嚴肅地認為本本固然可以有很多種樣子來呈現，但未成年者就算自己在畫、在看，還是要有正確的心態和觀念啊！

一起培養革命情感

「千業」的業務類型，早些年的一般印刷跟同人誌的比例約為一比九，現在則差不多各半。這樣的趨勢，一方面是因為現在同人誌的本數和印量實在太多了，「千業」也不可能全部吃下來。另一方面，則是從前來這裡印同人誌的年輕學生，長大出社會後，如果有印刷需求，像是婚喪喜慶的紅白帖、公司工作需要等等，也都會來找謝哥。如此，「千業」這二十年來，在完全沒有廣告宣傳下，也經營得有聲有色。

謝哥感性地說：「就是跟大家的革命情感培養起來，甚至不只是同人誌的。」每位同人創作者，都經歷過「死線」的趕稿壓力和腎上腺素狂飆的爆衝狀態，而這在「千業」不只是「一個人」的事，卻是「一群人」在這裡燃燒小宇宙。

不同於一般大量印刷，同人誌多為客製化，例如：特殊色印刷、特殊開本、要求跟某日本作品用一樣的紙、特殊裝禎等等。所以販售會前，「千業」就像是戰場一樣。通常在同人誌販售會前一兩天，是「千業」擠入最多人的時候，人多到甚至連門都進不來。這麼多人擠成這樣，為的是趕做出刊前最後的手工加工，謝哥說這情況根本就是——你們（我們）這群瘋子，但是瘋得很快樂！

跟一般印刷相比，同人誌雖然製作起來麻煩了些，但謝哥表示反而喜歡印本本，自己投入了很多情感在裡面，也關注整個同人市場的方向，而且他說：「同人誌雖然是客製化，但是做久了，也都知道有些什麼條件、該怎麼做，其實處理起來也沒那麼難。」

剛好採訪前一天，謝哥才遇到一位男生，從前讀高中時便在「千業」印同人誌，隔了十多年後，再經過這裡，便上來看看「千業」還在不在，然後見到了熟悉的景象，這位男生說竟像回到家一樣的「近鄉情怯」。

謝哥說：「好多人，都是我看著長大的。甚至有時候他們有什麼煩惱，我也聽他們說，看能不能幫他們化解。」然後他看向陪我們一起前來採訪的同人女，「像她之前讀高中時就是這個樣子，穿長裙騎單車，到現在都沒變。」

「還有一位當時才國中生的，第一次出本，就要印很多量，他家裡也支持。但我看了他的畫後，實在不忍心跟他說應該賣不到這個量，最後還是幫他印了，結果那一場他的銷量只有個位數，這當然對他打擊很大。可是後來，幾年後，他再跟我說，這樣的經驗也讓他『認清現實』而有所成長。」謝哥繼續說著本本與本本主人的故事。在他看來對年輕人而言，同人創作算是撇開了學歷、成績等等的社會比較；同人圈內有彼此的認同和歸屬感，而且在這裡是憑另外一種實力決勝負的地方，也讓年輕人可以從中學到不少東西。

每一位年輕的同人創作者，來到「千業」找謝哥印本本，在謝哥眼裡都是珍貴的相遇，也是一則則大家以「同人」為名譜出的故事。謝哥透露，幾乎每一個本本他都珍藏著（當然「黑歷史」本本也不例外啦），希望哪一天可以整理起來弄一間「台灣同人誌圖書館」，想必非常可觀啊！

從新手到同人大場

訪台灣同人誌販售會CWT主辦人鄭文福

文—烏露露

自二〇〇二年由現任主辦人鄭文福接手到現在二〇一六年，已經持續了十四年的「台灣同人誌販售會」（Comic World Taiwan，簡稱CWT），目前已成為台灣的同人場大場之一，尤其近幾年在台大體育館舉辦的台北場，可說是台灣同人界（尤其是女性向創作）的盛事。

每場次連續兩天的同人誌販售會CWT，從最早一天不到三百個社團，到現在一天超過一千三百個社團，可見有愈來愈多的人進入這個圈子，當然也產生了愈來愈多的同人創作。「但是，現在這一千三百多個名額，不是你來報名就有，我們的『錄取率』大概是百分之四十八。」CWT主辦人鄭文福笑說。

換句話說，近幾年來報名擺攤的同人社

團，可達三千個之多。實際來擺攤的社團更是以女性向為主，男性向則已降為只有二位數。

男性向與女性向同人創作在ＣＷＴ上的數量差異，漸漸也形成某種默契，無論是來擺攤的或是來逛的人，ＣＷＴ儼然成為女性向同人創作的集散地。

從陌生開始到發展特色

不禁好奇，眼前這位外表高大瀟灑、有些江湖感，怎麼看都不像動漫咖的中年男性，怎麼會是女性向同人創作販售會大場的主辦人？他怎麼搞定這些大女生與小女生們？又如何在滿是ＢＬ的世界中如此淡定……？

「其實之前我完全沒接觸這些，對動漫也不熟……」鄭文福將時光倒回從前，不諱言他不是宅腐一族，而是當年為了幫朋友處理財務問題，才接下了當時的ＣＷ，隔年則為ＣＷＴ。從完全陌生開始，沒有經驗也沒有人才，連本來以為定好的場地到頭來才知道已經借給其他單位，讓他的第一場同人誌販售會辦得風雨飄搖，還賠了四、五十萬。

幸好第二場算是打平，讓他稍微有些信心繼續辦下去。加上陸續有不少同人社團和創作者給他加油打氣，以及幫他「招攬」更多的同人社團來，才漸漸有今天的規模。

有趣的是，雖然台灣的同人販售會最早由日本傳入，但是早期CWT的三百多個攤位，有一半是布袋戲的同人創作社團，這跟我們印象中同人二創來源多為日系作品的差異頗大。然而，隨著布袋戲的熱度下降，現在的一千多個攤位中，大概只有二、三十個是布袋戲相關的同人創作。或許這也是同人創作與同人販售會的現象，雖然有持續了好長一陣子的經典作品，但一段時間後，終究還是有所消長，新作與題材不斷地湧入，不能免俗的，同人販售也有「流行」趨勢。而隨著霹靂布袋戲與虛淵玄合作的《東離劍遊記》開播，預計近期同人場上也將重新掀起布袋戲同人的熱潮。當然，無論是布袋戲或日本動漫，每個人都有自己執著鍾愛的作品和角色，也有堅持所愛而創作的同人作者和支持者，這大概也是同人創作最讓人熱血的一點。

雖然鄭文福自謙還是對動漫沒那麼了解，但這許多年下來，他也能朗朗上口好幾部知名作品，尤其是許多同人社團都出過的作品，不管怎麼樣，看久了也熟悉了，還能跟我們這群宅腐採訪群討論最近的大作。

維護同人精神

他表示從陌生到逐漸了解，同人創作的精神讓他很感動，也是他迄今想要維持與維護的。

尊重與體貼同人創作者，以及如何「服務」，便成了鄭文福向來的考量。好比說，他曾拜訪每個攤位並印感謝卡致意，也會發垃圾袋和水給各攤位，並提供隔日寄物，讓一連參加兩天販售會的人，不用提著大包小包的東奔西跑。

鄭文福強調，或許可以有更符合商業利益的方式舉辦或宣傳CWT，但他知道許多同人愛好者，想要的只是分享對作品和角色的愛，以及能自由自在的創作和交流，因此他從不主動邀約媒體採訪，就算有採訪要求也是開放一定時段的採訪時間，為的就是不讓媒體打擾這樣的同人交流空間。而若有媒體想要採訪個別創作者，他也不吝於推薦，當然前提是要對方同意。

樂見其成女性向

回到我們最好奇的問題，現在的CWT幾乎等於女性向同人場代名詞，鄭文福似乎樂見其成（還是情況至此，只能欣然接受？）。他表示起初許多同人社團在不只一處的販售會擺攤，沒特別區分哪個販售會是男性向或女性向，可是「開拓」招攬的大手多為創作男性向的（販售對象以男性為主），漸漸的，女生不想跟男生人擠人，而男生也不好意思往女生群裡鑽，才變成現在這樣的情況。

關於男性向和女性向同人創作在販售會場的差異，鄭文福也說出了他的看法：「現在女性向在同人場裡算是大眾，社團也比較多，但是男性向的大手之作品賣量比較多，而且販售的價格也比較高。可能因為男生通常為衝動購物，而且很多男性向作品是『重口味』，這讓一些男生看了喜歡就買，並且第一時間買到了就走，但女生比較精打細算，沒那麼衝動消費。」

至於同人販售免不了遇到圖書分級的十八禁問題，CWT的作法跟其他同人販售會大同小異，無非是勸導十八禁刊物要封起來、見本（樣本）要貼貼紙、試閱或購買要看身分證件等等，但並不禁止販售限制級作品。

目前在CWT中約有二到三成的原創作品，但銷售往往比二創作品差。對此，鄭文福也直率地說：「現實面來說，二創作品可以帶來收入，但原創作品才是長遠之計。」

ＣＷＴ最初在台北舉辦，到今年（二〇一六）暑假已經達四十三場，而近年來ＣＷＴ也擴展到其他城市，包括高雄、台中、香港等，甚至也辦cosplay比賽。鄭文福希望未來能有適合的同人網路平台，可以跨領域、跨國界的交流和販售，但是，話鋒一轉，他又戀戀地說：「不管怎麼樣，『會場』的氣氛，始終是網路無法取代的。」

最貼近「迷」的主辦者

訪開拓動漫祭執行委員長蘇微希

文—烏露露

細數台灣的動漫同人活動，開拓動漫祭這個主辦單位讓人非常耳熟能詳。目前開拓動漫祭除了兩個主要活動：FF（Fancy Frontier）與PF（Petit Fancy）之外，還有推廣原創的Comic Nova、近年來在高雄、台中舉辦的動漫祭，以及不定期舉辦的聲優見面會或音樂會等活動。FF原則上為每年寒暑假各舉辦一場的大型動漫活動，以台灣同人社團為主佐以舞台活動等等，而PF則更為鼓勵精緻創作和原創作品。

為了更加了解開拓動漫祭，我們在一個午後來到「開拓」總部，訪問開拓動漫祭執行委員長蘇微希。打開「開拓」大門，我們毫不懷疑這裡的工作跟動漫相關，幾乎每個人的桌面和牆壁，放眼所及的空間各處都充滿動漫元素和氣息。

挽起長髮的蘇微希，就這樣優雅又毫不突兀地從一堆動漫物品中現身，跟我們細述她對動漫的熱情和理想。

動漫愛好者開啟共鳴模式

ＦＦ1始於二〇〇二年十月，而若算到二〇一六年八月的ＦＦ28為止，迄今持續了十四年的ＦＦ，究竟有什麼魔力吸引愈來愈多的同人愛好者參與，以及在同人與商業之間，ＦＦ又扮演了什麼樣角色呢？

蘇微希頭幾句話就跟我們說：「我大概是最貼近『迷』的動漫活動主辦者。」一九九三年大學畢業的蘇微希，畢業後投身廣告工作，但在大學時期，便懷著滿滿的愛參與許多動漫活動，在當時台灣動漫作品沒這麼多、動漫活動也還不盛行時，跟那時候的動漫迷一樣，大老遠跑去日本一兩個星期，然後扛著滿滿動漫「戰利品」回來，甚至還去參加了一九九一年在東京 Big Sight（東京國際展示場）舉行的 Comic Market（コミックマーケット）。

除了當個動漫迷，從一九八九年前後，蘇微希開始在台灣的動漫評論刊物寫稿。實際參與動漫活動、撰寫動漫評論等等，她稱自己是從大學開始就跟一群人一起開啟了動漫「共鳴模式」。

也因此，雖然是在廣告公司工作，但她後來也跟這群同好一起開始辦雜誌，希望對於喜歡的東西可以最深入探討和推廣，並且讓大家知道「原來動漫也可以經得起討論和比較，也是一門可以被探討的藝術」。

又由於《Frontier》雜誌，才有了FF的動漫同人活動。蘇微希不隱瞞地說：「我是個同人愛好者，我雖然喜歡漫畫、喜歡同人，但之前並沒有想到我會辦同人活動。後來會辦FF，都是因為《Frontier》。」

跟台灣其他的動漫雜誌相似，這樣的雜誌其實賺不了什麼錢，於是在辦了一年的《Frontier》後，她與團隊開始思考如何行銷這個雜誌。如果像一般媒體刊登廣告，不僅廣告費驚人又時效短，其實沒什麼效益。考量了許久，最後想到「不如我們自己來辦個活動」，但又不想跟其他商業動漫活動做競爭，加上剛好當時的台灣動漫同人活動陷入某種混亂狀態，因此便決定來辦動漫同人活動。

打開同人大門

起初，台灣的大型動漫同人活動代表是由日本ＳＥ株式會社（簡稱ＳＥ）來台跟台灣人一起舉辦的ＣＷ（Comic World）。但是，ＳＥ的政策是標準的日本對於同人活動的界定，亦即同人活動是「關起門來」的活動，不需要對外界解釋什麼或是教導入場須知等等，反而要進來參與的人必須「聽得懂我的語言、了解我的文化狀況」，就像是要求參與者要先「做功課」得了解這個領域的基本常識才能進入，換言之，這個場域是封閉的。

然而，不同於日本已經發展了三、四十年的動漫產業，台灣有自己的社會狀況和產業現實，這樣的模式在當時的台灣有些行不通。但是，ＳＥ還是堅持這樣的美學與標準，甚至覺得所有的行銷只要針對本來就會買票入場的人就好了，不會買票入場的人根本不用管他。這樣的情況，蘇微希說：「會變成不停地消耗同一群社團、同一群進場者。」

蘇微希始終想將動漫這領域向外推展出去，希望讓大眾了解動漫不是只給小孩子看的，而是一大群人的心血創作的藝術品，並且也是高產值的東西。她不那麼堅持如ＳＥ般的「同人美學」，而是想要和外界對話，因此在ＦＦ1的場刊中就點明了希望ＦＦ是跟國際書展一樣兼容並蓄的熱鬧活動，但又能像 Comic Market 一樣保留動漫創作的果實。

留住台灣漫畫火苗

根據蘇微希的觀察，二〇〇〇年至二〇〇二年左右，台灣的動漫市場還沒有拓開，加上一些政策影響，當時台灣漫畫圈的狀況是已經卡住位子的人（已出道漫畫家），都不見得保得住位子。這刺激她進一步思考，「那新人漫畫家怎麼辦？」

蘇微希不諱言說：「如果這些年沒有同人活動，台灣漫畫至少會有十年的斷層。」這大概也是她持續舉辦開拓動漫祭的原因之一，就是想用同人活動留守住台灣漫畫的火苗。

她說：「許多商業動漫出版商無法負擔人才培育的情況下，許多有熱情、有天分的創作者，沒有地方磨筆。我想，至少他們可以在我的場內磨筆，也訓練他們承受讀者最直接的檢閱，而不是『被寵壞的漫畫家』。」在商業與同人之間，或許每個人有不同的期待，而蘇微希則是樂於將同人創作者推向商業出版，也致力於推廣動漫讓社會大眾認可，並且希望政府有更多資源投注於台灣動漫產業。她認為台灣不是沒有動漫人才，我們有好的「內容」卻不一定有相應的「環境」，現在台灣的動漫產業像是「充滿了希望又絕望」。

從一個動漫迷出發到推動台灣動漫產業，也歷經了台灣動漫產業的興衰轉變，對於有志投入動漫創作的人，蘇微希說：「同人活動真的是個很棒的地方！」

死線
散
打開新世界
的大門

幻想中的幻想鄉

同人與二創的東方

文—科科任

提起一部作品的時候，直觀的聯想通常就是作品本身。例如當我們說到《魔法少女小圓》時，這關鍵字引導到的記憶自然是虛淵玄那令人胃痛的劇情，或者愈來愈病嬌化的焰與沒有了頭的學姊之類的種種內容，而不會去和隔壁棚那些也號稱是「魔法少女」，不過內容是用火力輾壓一切的奈葉系列或者已經很難數清到底有幾代的光之美少女系列一起搞混了。這話乍聽之下挺廢話的——難道不是理所當然的嗎？

可是我們現在要談的例子就是：是的，確實存在著粉絲間談到該作品，直觀的聯想並不會是原作本身的遊戲。

說故事給我們的人

這遊戲的名稱就叫《東方 Project》系列，簡稱《東方》。一說起這兩個字，這世代略為有涉入動漫圈的應該都聽說過，但很可能就連自稱是該作品粉絲的人，都可能搞錯「東方」到底是什麼。

許多言論甚至還頗令熟悉的粉絲們忌諱，「《東方》是一個動漫作品」、「《東方》到底什麼時候才要動畫化」或「《東方》的原作社團是 IOSYS（或者滿福神社、幽閉星光與黃昏邊境等）【註1】」等等。也可以看到相當多為了澄清誤解，介紹「什麼是東方」來區別一些錯誤的影片或說明文章。

上述幾個搞混《東方》為何的點各有其荒謬之處，但造成誤解的原因並不是無理可循。最重要的一點就是，現今《東方》藉由二次創作所發展出來龐大且豐富的衍伸創作，規模早已遠大於原作品本身的影響力，就連系列的創作者 ZUN（粉絲間也稱呼他為「神主」）曾經在訪談說，他原先打算只在 Windows 版製作三部《東方》作品，也就是大約在二〇〇四年出品的《東方永夜抄》後就暫告一段落，但是由於許多二創作品的誕生，連帶的影響到遊戲的銷售與知名度，也讓他多少意外的改變了這個計畫，繼續推出系列作品。

既然連二創都幾乎凌駕於本作之上了，於是要談二創與同人，東方可說是一個不能不談的重要案例。

這邊可能得稍微澄清一下一個常見的錯誤：「同人」和「二創」並不相等，前者指較為偏向非商業形式，純同好間的創作活動；後者則指向對作品的再創作。舉例而言，《東方Project》本身是一個同人作品，而其他以《東方》為藍本在創作的作品，則是二創作品。但兩者在現實面上有相當大的交集點，因為進行二次創作的時候，同人的形式是較為普遍的。一來二創必然是得立於一個作品基點的再創作，因此在著作權抬頭的時代，商業取向的創作單位要進行二創難免綁手綁腳（這是個MARVEL搞復仇者聯盟都暫時徵招不了X戰警的年代啊），甚至連同人也要被版權所管制的傳聞更是時而有之。二來，由於資訊的發達，創作技術變成不是很難入手的門檻，舉凡文字寫作乃至於製作3D素材動畫，只要肯學就不難從各種網路資源中得到方法，且資訊流通也有利於個人作品被放大流傳，這使得同人發展出的作品更容易獲得回響，鼓勵那些創作者能夠繼續有後盾能夠經營。

回看原作

話說回來，解釋《東方》系列為何聲名大噪，是一件相當困難的事情。前述提過，一部作品在正常的思考脈絡下，多半得從原作開始談起，任憑我們怎麼說二創是針對原作的自由發揮與想像，仍必須要有原作的支撐才算數。尤其若是客觀的看待「熱門」這個現象，總覺得還是要有一個知名度夠高的原作品支撐，也才比較容易引發二創的蓬勃發展（例如《冰雪奇緣》這部電影要是沒有大紅大紫，也不會出現眾多的〈Let It Go〉改編演唱，遑論這樣改編後能夠吸引到眾多粉絲收看「ELSA 起厝 SHOW」，又為《冰雪奇緣》帶來更多關注，才可達到互相的效果）。

眼下《東方》的知名度很高，但一開始可不是這麼回事。

《東方》系列誕生在一九九五年，不過現今提起的遊戲部分主要在後來的 Windows 版，也就是二〇〇二年發行的《東方紅魔鄉》才開始算起，在這之前的數款《東方》系列遊戲知名度有限，加上 Windows 版後來在遊戲的各方面品質都有明顯的提升，ZUN 也曾經表明希望大家別在意舊版本，並且以二次創作而言，也都多半還是用 Windows 後的版本為主去改編，以 Windows 版以前的作品（通稱「舊作」）改編的東西明顯占較少比例。

既然是從《東方紅魔鄉》開始的，就來說說它吧！它是一款平面的2D射擊遊戲，玩家可操縱主角「博麗靈夢」跟「霧雨魔理沙」進行關卡，之中在每一關的BOSS戰會遭遇到一個角色，並有簡單的對話。透過遊戲附的簡介與對話中可得知，劇情上在說一個叫做「幻想鄉」，有著妖精、妖怪和魔法等等一個偏奇幻世界裡，某次突然起了莫名的紅霧壟罩全幻想鄉，於是兩位主角認為這是「異變」需要解決，便出動前往調查。關卡有一定難度但並不多，對話量也有限，關卡全破後有一小段結局的圖文故事，大意是抓到兇手後弭平了騷動，幻想鄉又恢復和平如昔，然後結束。

——這就是《東方紅魔鄉》的大致遊戲內容，而除了少數設計成格鬥遊戲之外，大部分都是像這樣以少量的劇情搭配射擊系統的遊戲。每一代的彈幕射擊系統會做略作改變，可是遊戲調性和劇情含量就一般都是這個樣子，尤其遊戲的難度不低，可能部分不善於打彈幕遊戲玩家，根本沒辦法在規定難度中挑戰成功《東方紅魔鄉》的True End，使得完整劇情還得拜請Google大神才查得到，因此才會說從以原作為出發點去思考東方系列的成功是相當困難的：它太有侷限性了，故事量少，遊戲是很正規到不適合輕玩家的彈幕射擊，要靠著遊戲本身吸引到並非對射擊有興趣的玩家是很困難的。而ZUN雖然有繪製大部分角色的立繪圖，可有人認為他的畫風非常的有「個性」，幾乎不是時下ACG流行的畫風。也就是這作品本身可能還算有一些亮點，但光是依靠原作這些元素，很難想像這是一個知名且擁有廣大粉絲的系列。

龐大的二次創作們

然而，雖然現在已經對當初有哪些核心同好們開始嘗試不太可考了，但我們還是可以藉由一些經典案例，來看到成為東方系列的粉絲，與二次創作交會的過程是怎麼開始的：《東方紅魔鄉》裡頭有一個角色叫琪露諾（チルノ），她是一隻冰妖精，也是ZUN本人認定的笨蛋角色，她甚至笨到在遊戲中最簡單的難度時，某張符卡（類似射擊絕招的遊戲術語）有一塊絕對攻擊不到玩家的安全區域。於是像這樣一個笨蛋角色，喜愛東方的音樂性社團IOSYS就以此寫了一首歌「チルノのパーフェクトさんすう教室（チルノ的算術教室）」，歌詞裡寫她被眾人嘲笑笨蛋但她還堅稱自己是天才，並列了一個無厘頭的算術問題，最後終於被嘲笑到崩潰的動畫。本歌曲搭配了一個簡單但畫風可愛的短動畫上傳到NICONICO影音網站，然後，這影片成為該年度NICONICO上最熱門的短片之一。

這是一個典型的東方二次創作案例：它採用了部分的東方原作品的素材（這裡是角色設

定與遊戲配樂），但是創作出了完全另外一個風格的新東西，並且意外地廣為流傳，就像曾經紅過的各種MC美江或各種YEE一樣，東方這個遊戲提供了一些素材，這些素材被引申成有趣的作品，而有趣的作品吸引到人們的目光，於是琪露諾、IOSYS，當然還有東方系列本身都因此打響了一些知名度。

這邊又得回到東方正作本身來說，它雖然乍看下是不夠精緻的東西，但遊戲包含的基本要素如故事文本、角色、音樂、繪圖、系統等等一應不缺，甚至如音樂或角色人設等再多加鑽研後，還可以發現到許多小地方上有ZUN的用心之處，讓這部作品的二次創作立下了相當完整的發展基礎。本例子就是音樂向的，其他還有許多社團也有在製作東方的音樂CD，或以東方劇情腳本製作的動畫（注意是同人製作，即便有傳聞一些社團其實有業界人士相助，那仍然不屬於「商業動畫化」）、衍伸出來漫畫、其他類型遊戲（改成RPG之類的）等等，這之中又可以再細分，例如音樂有社團走流行音樂風、有社團走重金屬搖滾，甚至還有將東方的音樂改編成佛曲【註2】的作品出現。而作品一多，就越容易吸引人的目光——想想就連改編成佛曲都有人作了，真認真要找，從這批龐大的同人樂手中總能遇到一個喜愛的音樂類型吧。事實上也經常見到網友分享入坑心得時，是以在某處看了某個和東方毫不相干的影片，但因為該影片使用了東方同人的二創歌曲，當事者一聽覺得不錯去查這是甚麼歌，接著就順利入坑，加入了東方粉絲的行列之一了。

當然這些二創作品不是只帶給《東方》這個整體知名度，它們同時也讓一些擁有才華的二創社團或作者得到了曝光的機會。舉例而言，「凋叶棕」是一個典型在經營東方二次創作的音樂社團，以每次 COMIKET 或東方例大祭幾乎都推出一片新專輯的速度維持著。這個社團的特色在於主要負責創作的 RD-Sounds 非常善於寫出深沉的詞曲，或者直接把一首歌一張專輯就寫成一個由東方所二創的哀傷故事。因此每次作品發出後，都有粉絲熱烈的討論其中歌曲的意涵或者屬於 RD-Sounds 創作中的故事黑幕。也許可以想見的是，像這樣硬派作風的歌曲想在正規的樂壇上打出知名度，恐怕是非常困難的，甚至很可能在一開始時就被唱片公司認為內容過於黑暗，難以行銷而打回票。但是靠著同人二創，這些作品起碼是可以先做得出來，如果社團本身能持續的維持創作以及作品品質，獲得回響的機會就相對比漫長的正規管道高了一些。對粉絲來講，透過這些二創作品，讓人意外的認識到一些很具特色，水準也相當不錯的繪師、音樂製作人、歌手等等的，也是一件相當讓人驚喜的事情。

二次創作與原作間的平衡

如果有人因為上述影片，或者其他提到與東方相關的作品，因而開始對這系列好奇，於是稍微的查過關於東方的各種資料，也大致就會發現東方「二次創作」與「原作」其實設定上有著不小的分歧。我們可以說如果走到這一步，這個人很大的機會就幾乎等同於入坑，成為一個「東方廚【註3】」預備軍了，可是這時他就會看到很多矛盾的地方：拿「八雲紫」這個角色的案例來說吧，她的原作設定上是幻想鄉建立時就存在，屬於元老級的賢者妖怪，因此年歲已高，但她其實並不介意這件事，也曾拿自己活得夠久這件事情開玩笑。但到了二創，她經常成為一位為年齡煩惱的老女人，只要一提到歲數的事情她就會抓狂，或者無時無刻想在旁人眼中製造出她很年輕的形象（例如變身成小女孩、換上學生制服、一說她是BBA【註4】就會抓狂等等），搞得場面看起來很滑稽。

這個例子出現了一個現象，就是它既取東方原作的設定來改編，可是又顛覆了原作裡她表現的形象。然而，一般作品的原作者如果看到創造出來的角色往一些和原作差了十萬八千里的方向發展，可能會有些微詞，可是ZUN倒是不介意，他雖然在創作東方系列有些一次設定，但除了角色種族和職業之類是死訂的，其他很多項目都是曖昧不清。代表產物就是類似設定集性質的書籍《東方求聞史記》與《東方求聞口授》，這兩本書在設計上雖然是ZUN本人親寫的，但ZUN卻設定這兩本書的內容是一位東方系列的角色所著，內容為由

「她」看待其他東方角色的心得之作，因此儘管書上記載的是一回事，但那仍可能被安上「該角色未公正的去描寫其他角色」的口實，於是任由粉絲天馬行空去填補的地方就很多了，而只要一個設定有趣，受到歡迎，這個「新」設定就會慢慢成為粉絲間的共識。所謂的共識是說，你在看到八雲紫這角色裝年輕的橋段，能馬上反應過來這大概是一個偏搞笑的地方，而意識到這一點並不需要知道，其實在原作內的八雲紫不是這樣被設定而來的角色，說得直接些，也就是在認知這樣情感的過程中，一次設定反而變成未必需要知道的先決知識。

上述例子其實在角色或故事設定上還算比較得憑依原作，但如果是音樂或其他形式的創作，與原作的聯繫反而更低。畢竟任何人都能直觀的對一首東方同人歌曲產生好聽或不好聽的感受，完全沒有必要先聽過遊戲的原始背景音樂（BGM）。粉絲們在記下一首歌曲的旋律之後，當另外一首同人歌採用相同的BGM改編，就更容易因為某段旋律相近而有共鳴感，至此，這個閱聽者可能還是沒有聽過原始BGM。當然，因此而回頭去收聽原BGM也是可能發展之一。這邊重點在強調由於二創的蓬勃，使得粉絲們可能只需要理解二創上的設定，雖二創本身也是由原作而來，但就粉絲而言，他不一定需要知道這麼多。如同前面那個因為看影片聽到東方歌而入坑的例子，在那個契機下會讓該人士開始和東方扯上關係的唯一要點，只需要「那首歌讓他／她覺得很好聽」，僅此而已。

於是整個體系幾乎可說是在兜圈子：在東方原作帶領下出現了第一批粉絲與東方二創，東方二創造就了第二批粉絲們，兩批粉絲們對較為有趣的設定進行二創或回響，直接或間接的決定二創設定的走向。然後東方本作繼續出系列續作，新角色新劇情新關卡新音樂又重新加入，繼續刺激這個循環的化學變化，直到如今都仍在持續著。以個人來看，他可能會站立於這迴圈的其中一角：他可能對一設二設都熟悉無比、他可能以為東方是一部動漫作品、他也可能是特別對東方某幾個社團的音樂作品有研究的人，放到整個體系來看這都是必然的，這體系伴隨著所有相關人士，形形色色的粉絲與創作者兼具，且還會繼續發展到恐怕就連「神主」ZUN 也難以預測的地步吧。

附註

註 1　這幾個都在東方圈內知名的同人社團：IOSY 在早期以製作《チルノのパーフェクトさんすう教室》、《魔理沙は大変なものを盗んでいきました》等電波歌與影片在 NICONICO 上面爆紅；滿福神社與幽閉星光分別做出水準相當出色的同人動畫及音樂，合作的動畫「幻想萬華鏡」系列與和其搭配的歌曲可說是這兩個社團的代表作之一。黃昏邊境則是製作算是東方正作的「東方非想天則」、「東方萃夢想」等格鬥遊戲的社團，但嚴格說來他們是與 ZUN 合作所製作這些遊戲，與真正東方的創造者 ZUN 亦有所區別。

註2 詳見 NICONICO 或 YOUTUBE 的影片「法界唯心」、「傷林果」。

註3 本來如「腦殘粉」一樣算是帶有貶意的詞，亦有「東方廚自重」的配合成句，不過隨著時間累積越來越被許多東方迷們拿來自嘲的話語。

註4 日文ババア（老女人）的羅馬拼音縮寫。

不那麼重要，又很重要

女性向二創中的性轉與性別涵義

文—千翠

自從腐文化興盛，大開天下人類腐眼之後，真愛與性別無關！——雖然想直接這樣宣言，不過實際上就是沒那麼簡單。

假如真愛和性別無關，為什麼腐女子愛閱讀的配對是男男，不是女女也不是男女？

假如真愛和性別無關，為什麼人類還是要區分出異性戀、同性戀和雙性戀呢？

作為腐女屬性的同人女，我不只閱讀ＢＬ文本。文本是否為ＢＬ、配對是否男男，對現在的我來說已經不是最重要的前提。當然，我是「性轉【註1】」類型的愛好者。

所謂「性轉」是「性別轉換」的略稱。顧名思義，這類作品描繪了角色性別轉換的劇情，而在此所指的「性轉」，其實是「生理性別（sex）」（也就是肉體）的轉換，與「社會性別（gender）」（也就是社會所預期的性別特質表現）有所區別。性轉類型的作品，在對生理性別和社會預期的性別特質不一致提出質疑的同時，也反映我們對性別認知依然容易以生理性別為優先辨識的現象。

結果，還是和性別有關。

這些正好在女性向二次創作的「性轉」題材被充分地反映出來。性轉題材其實在二次創作裡發展了很久，近年也愈來愈廣為人知，但是很少被討論。若以影響台灣最深的日本分類來作區分【註2】的話，可以確認有以下幾種主要性轉類型：

女體化：原作男性角色在二次創作裡變成女性角色。

男體化：原作女性角色在二次創作裡變成男性角色。

性別逆轉：原作角色在二次創作中的「兩人以上」性別對調。

Omegaverse（オメガバース，也就是ABO）：人類的生理性別除了男性女性之外再多出 Alpha、Beta、Omega 三種，變成六種生理性別組成人類社會。

セクピスパロ（SEX PISTOLS parody 的略稱）：從日本漫畫家寿たらこ的BL漫畫作品《SEX PISTOLS》獨自設定的人類生態衍生出的諧仿（parody）類型。

其他：很多！比方白天是女的晚上是男的，或其他週期（如月亮圓缺）的性別對調、把原作角色換成雙性人（日語：両性具有）等等。

接下來，除セクピスパロ因為地區、語言、樣本數都很限定而不單獨討論外，我將會詳細介紹前面四個主要類別，並試舉實際上被採用的二次創作為例，說明為何原作已經設定了這些角色性別，卻還要刻意改變它來從事二創。

當然，我完全承認此文有推坑的意圖。性轉很好吃的，不嚐嚐看嗎？

我想看〇〇生——男性的女體化

大部分女性向二創作者都是從這裡掉進性轉坑的，包括我自己。

我性轉創作的起源來自「想讓自己喜歡的角色穿旗袍，但是沒有前面那兩顆胸部好像身體曲線不夠漂亮→那畫成女生就好啦！」的念頭。現在看起來當時十五歲的自己簡直就是被異性戀模式卡死——為什麼角色穿旗袍就要有女人的乳房呢？——現在的我就算《刀劍亂舞》的蜻蛉切也可以照樣妄想他在不性轉的情況下穿上旗袍大秀偉岸的雄乳【註3】啊！當然，女體化的蜻蛉切想必也是擁有美好的大胸部可以埋臉，一角雙吃多……咳咳、好，話題拉回來。

我的某位親友S則是《進擊的巨人》中，團兵（團長╳兵長）配對的愛好者，而且喜歡兵長女體化的題材，照S的說法是：

「因為想看體格差。」

「而且還想看利利（S對兵長的愛稱）完全是女孩子、少女、白白軟軟的胸部跟濕潤的小穴，握在手裡玩弄然後讓她懷孕的感覺。」

「可是同時間這個利利又保有原作的堅毅，那種讓人一眼就聞到濃濃母性的氣質。如果沒有原作利利的內在，這個女孩子就只是個無聊的少女啊！所以利利的內在加上少女利利的身體，等於滿足想讓利利懷孕，以及滿足自己代入嗯文（S對團長的愛稱）的爽感，加上想看究極團兵體格差的慾望。ABO已經無法滿足我了（但是還是會看）。」

親友S表現出的是對女體與性，以及特定性癖的熱烈愛好，由於發言實在精彩，經親友S同意特別全部照章收錄。

其實這些發言應該腐眾們都心有戚戚焉吧？畢竟腐眾的社群網路裡面聊瞎話的時候，「我想看〇〇（請自行帶入各位的愛）生」可是一種慣用語呢！

也有情形像是：

「實在好喜歡《SHERLOCK》的夏洛克和約翰，他們簡直天作之合→但是想看百合→那就把夏洛克和約翰畫成百合我就可以看他們百合了，得證。」

愛看百合但是愛上的角色是男人，只好給他換過去。於是販售會上偶爾可見男男配對一起性轉的女女同人，相反的女女性轉男男創作亦是。

自由剽竊文本是二次創作的特色，生理性別翻轉在不同的作者筆下有時候會呈現完全不一樣的風貌，有些人會保留角色原來的個性、舉止、說話方式，呈現出生理性別和社會期待性別不一致時的差異，有些則會將前述角色特質依生理性別的轉換進行改變，讓角色的舉止符合轉換後的性別刻板印象。

另外還有一種類型例如：

「《蒼穹之戰神》那個皆城總士根本就是女神，他應該跟一騎結婚生一堆他們的小孩子，雖然是BL配對，不過皆城總士的話，他是女人也可以。」

這例子可以看得出來創作者對角色的喜愛，可能影響到她對角色性別的認定，或者是受到她對特定性別理想樣貌的影響。

從以上看到女體化的創作意圖，大約有以下（或更多）的可能性：

- 對女體外在的執著、嗜好。
- 對母性、懷孕的連結。
- 想看百合。
- 欣賞的他是「她」也沒問題。

其中外型、懷孕、百合比較接近性癖喜好，而母性和對「她」的認同比較接近對理想化形象的需求。

女性別來ＢＬ世界——女性的男體化

既然有女體化，自然就會有逆向的男體化。

在女性向二創男體化的故事裡，有時可以觀察到一些複雜糾結的心理。舉例來說，《進擊的巨人》裡的米卡莎是女性，而性轉的二創作者會有兩種可能狀況。

第一種是：

「我想要吃米卡莎╳艾連（或艾連╳米卡莎）的ＢＬ↓米卡莎是女的（倒地）↓米卡莎是男人就可以了↓米卡莎男體化。」

這情況有點類似前面《SHERLOCK》的例子，只是從百合變成BL，因而出現角色男體化的結果。

另一種情況是：

「米卡莎怎麼可能是女人，這根本漢子，漢子啊，而且是攻！漢子就該有雞雞，我要畫米卡莎是男人壓著艾連讓他升天啊！↓米卡莎男體化╳艾連。」

可能會有讀者覺得上面兩種不是一樣嗎？不是都希望米卡莎是男人嗎？事實上，差別還是在於後者「米卡莎怎麼可能是女人」的想法了。

問題就在這裡。雖然米卡莎帥氣且對艾連非常執著，男體化再攻起來真的非常有勁，不過我還是會想質疑，為什麼女人就不能很強、很帥又英氣勃發呢？難道「攻一定要擁有陽具」？雖然對我來說肉體的攻不一定等於心理的攻，就跟生理性別不一定等於社會性別一樣，不過，既然有這樣的作品就代表的確有人很在乎吧！當然，也可以說，有肉好吃就好，何必想這麼多。總而言之，就是因為會去想，才會有這麼多豐富的二創作品啊！

我的收藏裡有一本《鋼彈SEED》的學園二創本，因為設定是男校，所以作者讓動畫裡他喜歡的女角全部男體化，因此出現帥氣的學生會長拉克斯跟副會長卡加利，而且比原來的男角還帥氣。像這樣為了因應故事而男體化，雖然還要花時間想設定，不過為了「想看某某女角變成男人一定很帥！」的慾望，創作者是不會住手的。

在女性向二次創作裡面，「腐」是很重要的大派閥，因此，簡單明快的意見也是有的，像是：

「從來就很討厭女性角色，總覺得都不欣賞她們所以才愛看男男，這樣就不會有討厭的女角了。要寫／畫一男一女的配對可以啊，把女的變男的就可以，因為那就是男男配對不是男女配對了。比方說，《鋼之煉金術師》如果莉莎是男的，那我就吃他跟羅伊配對啊。」

好吧，總之不要看到女人是嗎？只要莉莎變成男人就一切都好了？可是，莉莎不管是男是女，羅伊不都注定被他吃得死死嗎？（什麼？您吃的是哈柏克╳羅伊？好吧……）

從以上討論可以觀察出男體化的創作意圖有：

- 外貌協會對男體的嗜好。
- 男性特質的連結。
- 對男╳男的執著。
- 不想看到女人。

跟女體化相比，除了同樣有反映性癖偏好之外，男性特質的連結這塊也反映出性別刻板印象。而腐文化中很重要的「女性排除」特色，在男體化題材更是清楚地展現。雖然「女性排除」並非直接等同厭女情結，但的確也存在著厭惡「女性在社會上或作品中的刻板印象」的可能性。不過，每個讀者或創作者大概都有自己的答案，很難直接用是與否來斷定。

以上所討論的大多屬於「故事或設定的世界一開始就讓角色的性別轉換」的情況，屬於先天要素。不過把性轉作為後天要素來處理的狀況也是非常多的，通常後天要素最常見到的兩種情況是：

- 醒來突然發現變成另一個性別。
- 吃到／感染／被施法……而變成另一性別。

在這類二創裡，除了搞笑橋段以外，常常可見角色對於性別轉換的羞恥、迷惘，對身體性別重新適應或不適應的過程；男性性轉體驗月經、女性性轉體驗夢遺等等都是後天性轉處理的要素。事實上，這些要素的運用在「性別逆轉」這個類別中則更加常見。

不只一人性轉——性別逆轉

性別逆轉同時可以指男體化和女體化，易跟上述兩類性轉混淆，但性別逆轉通常指的是在一篇二創作品中男女角色都有性轉的情形。簡言之，與前面女體化、男體化最大的差異為性別逆轉的性轉角色通常比較多，且比較常見輕鬆的風格。

以《STAR TREK》現在的新電影系列為例，性別逆轉的二創，可以寫裡面所有或部分角色經過不明星雲感染了最新病菌，一晚醒來突然發現所有船員的性別都互相顛倒【註4】！原本喜歡四處獵豔的艦長，究竟會因為性轉而變成被獵豔的對象，或者不改本色照樣四處留情、遵從內心的慾望來個滿漢全席通通上菜呢？又或者全船齊心合力先解決眼下很多人一直不小心跑錯廁所的問題呢？——這些是後天性別逆轉題材非常容易出現的題材。

至於先天性別逆轉的二創和後天性別逆轉的最大不同點，在於前者通常不會處理角色對性別認同的問題。有不少只是單純為了滿足讓角色外表變化和裝扮變化的樂趣，或者連角色的說話方式與思考方式也隨著生理性別變化而跟著轉變。

也有些先天性別逆轉的二創會將重點放在「同樣人格的角色因為生理性別不同，在該故事的世界中如何適應」，例如：《Code Geass 反逆的魯魯修》，就常見假使主角魯魯修不是第十三皇子而是第十三皇女，加上其他角色的性別逆轉來進行二創的作品。以此例而言，魯魯修皇女除了要面對原作原有的困境，還會加上因生理性別是女性而帶來的其他問題或轉機。由於原作就曾在番外篇中讓主角們交換性別扮裝，魯魯修不但穿女裝還被起了個「魯魯子」的名字，更讓此類二創在原作加持的情況下更加盛行。

六種性別的 Omegaverse（オメガバース，也就是ABO）【註5】

性別轉換二創默默地一路發展下來，在本世紀出現了新的突破：Omegaverse，台灣通稱為「ABO」。據信第一篇ABO是二〇一〇年五月發表的《超自然檔案（Supernatural）》二創作品。這類創作的特殊設定是，人類的性別除了男女之外還有 Alpha、Beta、Omega 三種，並且混合著狼群的階級社會與雙性兼具的世界觀。

Alpha ——數量稀少，大多具有天生的領導魅力（Charisma），智力與體力有天生優勢，在 ABO 世界裡大多是人生勝利組。生理特色的細部設定有時因作者意圖而有所不同，但最大共同點是無論男女都能使另一方受孕，Alpha 能聞到 Omega 的性荷爾蒙，並且被其吸引。

Beta ——數量最多，多和一般人類無異。幾乎等於沒這個設定。

Omega ——數量最稀少，無論男女都能受孕為最大共同特色，有「發情期」的設定，即使不在發情期，也會受到 Alpha 的性荷爾蒙影響。此外因為基礎來自狼群的社會階層，有著 Omega 是社會最底層、生理弱勢的通說，在ABO世界裡常被當成被欺凌的對象。

敏感一點的讀者應該已經感受到這個設定充滿了性別歧視與權力不對等，不過因為基本設定可以由作者各自解釋，所以也有完全相反的詮釋方式。

ABO設定可以套入大部分的作品自由進行二次創作。在日本pixiv圖文交流社群網站中，《進擊的巨人》中很受歡迎的幾個配對，都有出現ABO設定的二創。如前述的團兵，在ABO世界觀下，幾乎是壓倒性的Alpha團長╳Omega兵長，粉絲們在ABO二創裡，可以充分描寫著兵長的母性特色，以及團長和兵長的小孩會有多可愛，當然，還有火熱的發情期。

至於艾連跟米卡莎，基於「Alpha艾連╳Omega米卡莎的配對等於沒有在活用ABO設定，還讓進擊最強女角弱化」以及「米卡莎這麼強怎麼會是Omega」等觀念為大多數所認同的關係，普遍的配對方式是「Alpha米卡莎╳Omega艾連」，偶爾加上Alpha阿爾敏（這裡有種逆轉的趣味）上演3P或三角關係的創作，然後米卡莎跟艾連就同時是父親，也同時是母親，生下的孩子可以自由地喊爸爸或媽媽，多麼美好。

ABO設定因為Alpha女與Omega男等於雙性人，加上發情期的設定，很多作品都會討論懷孕、生子的情節。實際上，大部分的創作者與讀者間會有「寫ABO就是要寫懷孕（尤其是Omega男）情節」的共同認知。由於基礎設定的階級社會觀相當強，也有批判這樣設定是在強化父權或階級不可翻轉概念的聲音。不過反過來利用這設定提出質疑的也不少，例如描寫兩名Alpha相戀，在過程中如何對抗Alpha被Omega吸引的本能，或是描繪Omega

反過來利用 Alpha 性別，翻轉自己的社會位階一路往上爬等等不同的故事。

性轉與性別特質

把性轉的幾個主要類型兜了一圈，現在回到起點——「性別」究竟是什麼？是我們的生理構造決定了我們的性別？還是不管生理構造，而是由個人認同所表現出來的特質所決定呢？

社會上大多數人，很少顧及個人自我的性別認同，而逕自以生理構造決定了「性別」這件事。而在性轉二創中，若反轉的只有「生理性別」，對於性別特質與生理構造的直接連結，以及男女特質明確二元對立的這種情況，是否就被改變了呢？

事實上，在性轉二創大部分的情況下，角色的個性、說話語氣、動作等都會維持角色原來的模樣，只有生理性別轉換，而行為模式也大多維持他們原來的樣子。但如前所述，也有些二創作者，選擇讓角色的性別特質（例如個性、動作）隨著生理性別一起轉變。

無論如何，性轉題材可能提出了批判，也可能暗示作者希望自己不被生理性別束縛的期許。在相對的生理性別中，找到自己認同的性別特質，並且享受性轉題材帶來的樂趣，有對生理性別特色的執著，也有將性別特質從刻板印象解放的一面——這正是性轉題材的醍醐味啊！

附註

註1 商業動漫畫中的性別轉換很早就有，如《寶馬王子》、《惡魔人》、《亂馬½》、《美少女戰士》、《大奧》等等。此外，雖然沒有明確數據，不過二次創作開始盛行之後，性別轉換題材很自然地就逐漸出現了。

註2 實際上台灣的二創分類也大多和日本的分類相符合。主要是因為台灣的動漫畫文化乃至二次創作文化的主要輸入國是日本。雖然近年來，進行歐美系二創的族群也變多了，不過大多數是兩邊都跨；再來就是台灣本土的二創，其實以布袋戲為最大宗。不過，以題材分類的習慣來說，仍舊是受日本的影響最深。

註3 雄壯的乳房。私譯自日語「おっぱい」。雖然原來的意思是女性的乳房，不過由於同訓讀的關係，產生了「おっぱい=雄っぱい」也就是男人的胸部，從此おっぱい無論男性女性皆可拿來稱讚美麗的乳房，善哉善哉。

註4 其實《STAR TREK》這個大系列在《Deep Space 9》裡面真的有單一角色性轉的劇情發生，只能說不愧是各種題材的領航者。

註5　Omegaverse 解說可參見：http://fanlore.org/wiki/Alpha/Beta/Omega；オメガバース：http://dic.pixiv.net/a/%E3%82%AA%E3%83%A1%E3%82%AC%E3%83%90%E3%83%BC%E3%82%B9

迎向粉絲逆襲的時代?!

由《新社員》談二次創作的角色與位置

文—柏阿橘

安安，你聽過新社員嗎？

《新社員》是由再一次拒絕長大劇團之子團「前叛逆男子」，所製作的「ＢＬ搖滾音樂劇」，是以 Boys' Love 的男男戀愛情境為主軸，結合台灣高中校園生活、獨立樂團、音樂劇於一身的實驗作品。二〇一四年十月於水源劇場進行首演獲得好評後，二〇一五年十月又於新北藝文中心再度舉行加演，並在全九場公演當中，每場加入長約二十分鐘、四場不同的番外篇，每篇僅演兩場次，最後一場更設置了「神秘彩蛋場」，一度在噗浪上引起洗河道式的熱烈討論。

一開始將觀眾族群鎖定在腐女子，最初也是出於小劇場對於非主流文化的關注。你我從小看動漫畫長大是個不爭的事實，為何動漫文化卻未曾作為關注的選項之一？是回味也是致敬，何不就為了動漫畫族群，為了自己與漫畫的青春歲月做一齣戲？此一開端不僅燃起了前叛逆男子們的動漫魂，也開啟日後從未料想過的「新社員現象」。

以往日本二次元的BL作品被轉換成三次元的真人演出，觀眾往往並不太樂於買單，除了演員互動的流暢性不足之外，或許也因為BL原本即是存在於腦中的妄想；「寫實化」這件事情，似乎也沒有絕對的必要。故以真人出演的BL，僅是一直附屬於BL原作下的延伸而已。

然而《新社員》不但是原創的故事劇情，更是以劇場作為文本的表現媒介，無論漫畫、小說、廣播劇、遊戲，都無法全然取代的呈現方式，是必須「用全身來感受」的BL作品。與以往處理動漫文化的台灣藝術創作相較，《新社員》採取的態度不是消費或凝視這個文化、或客體化地描述它，而是將之作為創作的主體與內涵，讓「觀眾」來劇場消費與凝視作品。

《新社員》除了將大家熟悉的動漫式橋段或經典對白，自然地融於劇本當中，BL文化的語彙運用也相當精準，甚至將「H情節」搬上舞台，演員的表現與互動，也不會因這是「來自女性妄想的觀看與凝視」而形成防備或抗拒，打破許多真人BL演出的刻板印象。無論配對、情節、台詞、舞台設計、音樂，乃至演員本人，無一不讓腐女子觀眾們為之瘋狂，紛紛掉坑成為粉絲，開始對《新社員》展開各式各樣的二次創作。

同人文化本著喜愛就要分享與推廣的動機，二創無疑是腐女子族群最為熟悉的、表達喜愛的方式。這些遊走在版權的灰色地帶，原本該是避免讓官方看到的妄想創作，卻在《新社員》劇組與演員來到同人誌販售會場、領取甚至購買《新社員》的同人作品之際打破了迴避規則。同人誌成了「另類劇評」，劇團爾後更提供創用授權標誌，鼓勵《新社員》的二創，遂使得《新社員》的影響力在演出結束之後仍得以持續延燒。加上腐女子粉絲原本就比官方還要深入劇本所援引的文化，反而立足在一個積極的位置上，主動提出各項關於《新社員》的發展想像。因此，粉絲自身不僅作為《新社員》原作的接受方，在許多時候，也是官方經驗交流或參照的對象。

與二創共構的新社員加演

《新社員》現象值得關注之處，不單只是能夠觀察到一個粉絲群體從零到有的形成，更有粉絲所開啟的詮釋創作，與官方文本產生匯流、共同參與《新社員》加演的文化產出與累積。

《新社員》的二創除了在「擴散原作」上扮演積極角色之外，二創的內容不但由粉絲創造，官方也參與其中。較具代表性事件有「《新社員》前導漫畫」的製作，以及《新社員》ONLY 販售會「原東寺高中文化祭」。

《新社員》在確定二〇一五年的加演之後，不僅加演主視覺的設計主動向同人作者募集甄選，劇組也授權由新社員粉絲所組成的「超展開編輯部」【註1】進行前導漫畫製作。前導漫畫之提案是鑒於首演時，許多觀眾都是抱著「姑且一試」（雖然一試成主顧）、戒慎恐懼（！）的心情踏入劇場，那麼若是能先使用目標觀眾較為熟悉的媒體界面——漫畫，將《新社員》的氣氛與時空先行介紹給大眾，除了能將宣傳延伸至實體書店，也降低動漫族群對於「真人演出」的不安。

於是，前導漫畫於《新社員》二〇一五年十月加演的前一個月發行上市。描繪的內容是《新社員》本篇開始之前的「前傳」。

前導漫畫從一開始的企畫到最後作品的宣傳，都與官方有著相當密切的互動。由編輯部與漫畫家開展出三段故事情節，請《新社員》編劇簡莉穎擔綱監修；書名與內容篇名，亦是取自《新社員》音樂劇中的曲目。除了編劇的監修、書名的挪用，還有許多與官方交互協作的內容，例如編輯部委請編劇簡莉穎所撰寫的「人物設定資料」，以及製作團隊「前叛逆男子」成員們和演員們手寫字跡的漫畫觀後感附錄，甚至在漫畫發行之後，演員們還拍攝了與漫畫分鏡相同的比對照片，而飾演「小八」師葉月的演員趙逸嵐，則是將前導漫畫的書名置入了演出的台詞裡；飾演「小安」安啟凡的鮑奕安，在看過前導漫畫的「八安篇」之後，亦將故事中所詮釋的角色心境，融入實際的舞台演繹當中。

前導漫畫雖與官方原作密切連結，卻也不能全然計入《新社員》本篇的世界觀裡。不過，正因此作的發行概念主要欲透過漫畫呈現出《新社員》的作品氛圍，加上創作本身帶有「同人誌」成分，與《新社員》當中的腐女一角產生了趣味連結【註2】，因此，「前導漫畫」既可作為「取之於官方」的衍生創作，亦是「用之於官方」的「新社員副本」。

此外，編劇簡莉穎親自加寫的四篇番外篇，是僅於加演期間才有的限定演出。每篇僅演出兩場次，是宛如夢幻逸品般的「新社員特典」。編劇簡莉穎也曾表示，這四篇番外篇，也是在閱讀過粉絲們創作出的同人誌後而寫成的，其中「春之章」，更有著台上演員透過演出，向台下的粉絲觀眾道謝的劇情，這些被寫入劇本的觀眾名字，每一個都是實際存在的新社員粉絲。劇組以張開雙臂的姿態，迎接「粉絲」行為進入劇場，台上台下的緊密串連，使得《新社員》的劇場張力更為完整。

當粉絲的存在狀態不再只是票房或數字，而是映射在官方眼中，諸多真實的生命時，《新社員》也不將再只是單純的劇場文本，而能成為由臺灣劇場與同人文化，相互交織而成的，名為《新社員》的迷文化。

從二次元推向三次元的同人創作

二〇一六年四月所舉行的「原東寺高中文化祭」，不僅是一場由新社員粉絲所籌備的單一主題同人誌販售會（後稱ONLY），整場的活動內容與官方亦有著十分密切的配合，更是將「二次創作」從二次元推向「三次元」的一次嘗試。

「原東寺高中文化祭」除了作為同人誌販售會，整個會場也是循著舞台劇《新社員》的時空所作出的延伸情境，不但《新社員》的所有角色無論實在虛在，都能被包含進這場活動的參與裡，在情境安排上，更融入了台灣高中校園的生活經驗，規劃出「三吾入侵廣播系統」作為提醒與注意事項播報、午餐時間的點播DJ，以及「忘記關上廣播」的漏音廣播劇等等以聲音為主的特別企劃。而這些「特別企劃」最為「特別」之處，便是所有故事、橋段、流程，均是由粉絲負責編寫提案，最後交由演員本人擔綱這些內容的聲音或舞台演出。

「三吾入侵廣播系統」由飾演這兩名角色的沈威年、吳言凜事前錄製；飾演東聲敏教官的演員呂寰宇，則一人分飾東教官與「陳雷老師」兩角，當天在現場進行LIVE的聲音演出；飾演雷殷甲老師的演員高華麗，則特地事前錄製了林宥嘉《浪費》一曲，配合於午餐播音時段，播放匿名點播給東教官的橋段；而舞台演出最後的安可，亦是邀請了《新社員》其中的兩位演員鮑奕安、吳言凜親自登台，作為壓軸的彩蛋演出。

在ONLY現場由演員來進行二創劇情的聲音演出，不但令粉絲們驚喜連連，製作團隊「前叛逆男子」的成員們，當天更組隊報名了現場的遊戲活動一起同樂其中。販售會的抽獎企劃「新社員一番賞」，亦有由官方劇組提供的新作《利維坦2.0》相關獎勵與授權製作的紀念品。活動最後，還進行了《利維坦2.0》歌曲〈Delete〉的首度釋出。

《新社員》次文化現象的形成，可謂是粉絲與官方相互推波助瀾缺一不可。隨著演出落幕，劇場的靈光（aura）終將消逝，但粉絲仍舊會不斷以各種方式去追索，並試圖保留那段美好卻不再復返的劇場時間。二創除了是對原作不滿足而誕生的產物，同時也是對劇場靈光的延續與追緬，充滿能量且生氣蓬勃。

我為二創，二創為我？

與單純的讀者受眾相較，二創作者為了能夠產出作品，尚需針對原作進行資料整理或文本分析，既是為了找出可以介入詮釋的角度或段落，也為增添自身向他人傳遞作品詮釋的說服力。我們甚至可以說，有些深愛作品且有野心的二創作者，在資訊對等的前提下，對於原作細節的深入與考究（特別是與自己企圖詮釋有關的部分），往往並不輸給原作方。倘若原作方只著眼於二創的權利侵害，而從未看到二次創作與原作的對話可能，在這分眾消費、市場規模日漸縮小的今日，自然無法懂得如何借力使力了。

除了《新社員》一例可以見到二創之於官方原作的積極作用，中國大陸的主流娛樂，近來更十分頻繁地將二創作品收攏進官方，像是扶正同人歌曲作為翻拍連續劇時的官方曲目，如《瑯琊榜》當中的兩首插曲《紅顏舊》及《赤血長殷》，以及最近《盜墓筆記》系列的《老九門》片尾曲；另外又如連續劇《偽裝者》，鑒於播出後廣受女性向二創族群的喜愛，出版社便邀集了偽裝者二創的知名繪者，發行官方授權的漫畫合集，顯示出二創今日不再只是粉絲的狂熱創作，更可說是孕育智財衍生的肥沃農場。而《新社員》在二〇一六所推出的LINE 貼圖也是循此模式，將同人作者「開大燈」早先所繪製的「偽 LINE 貼圖」實現為真正的 LINE 貼圖。

台灣礙於資金面的現實，官方往往無法收編粉絲創作進入原作的智慧財產範圍之內，與二創維持互動或許較為因地制宜。即便在分眾消費的今日，二創之於官方有著更為積極作用，但「灰色地帶」的運作並非理所當然，則也要與官方有充分的配合默契才行。

《新社員》可說是透過二次創作串聯起劇場與漫畫的跨界實踐，未來的日子裡，二創所扮演的角色又會如何演化？相信只要有粉絲這類生物存在的一日，二創就會碰撞出更多有趣的可能。

附註

註 1　「超展開編輯部」是由筆者與資深編輯 Miyako 等人組成與運作的發行工作室，成員原初多為《新社員》粉絲，後由新社員同人創作轉向從同人文化出發，向官方（劇組）提案進行企畫或發行合作，位處於官方與粉絲之間的橋樑地帶。

註 2　《新社員》當中的角色甯常夏「莉莉絲」（張念慈飾），是會直參販售會購買同人誌的腐女子。

176 動漫社會學

176 動漫社會學

小而美的多元同人活動

訪 GJ

文—維霓

台灣近幾年的同人誌販售會，除了大型的CWT和FF之外，GJ也是常在同人圈被提起的。GJ的名字來自於Grand Journey的簡稱，是由一群熱愛動漫與同人文化的年輕人組成的團隊，除了舉辦動漫同人誌販售會之外，也不時舉辦其他類型的活動，像是全台灣第一個邀請日本cosplay來「走秀」、紙膠帶市集等等。

相較於大型的、綜合型的同人誌販售會，GJ讓人津津樂道的是中小型的ONLY場，以及台中地區的同人活動。

從中部地區開始辦到遍及台灣北中南都有活動，GJ不僅辦出了自己的特色，也逐漸朝多元的面向發展。

從學生活動到進入產業界

與許多喜愛同人的人一樣，ＧＪ的主要成員在學生時代就參與相關活動。那時候中部幾間的大專院校相關社團聯合起來舉辦名為「春宴」的同人展，從二〇〇一年開始到二〇一〇年結束，最初由六所學校發起，後來則有十幾間大專院校參與。ＧＪ的兩位主要創辦人當時分屬不同學校，但都不約而同地在二〇〇三年開始參加「春宴」，甚至其中一位還負責主辦過二〇〇七年的「春宴」。

他們畢業之後，無法再以學生社團參加「春宴」，但還想繼續辦同人活動，便決定一起來辦不同於「春宴」、又有一些新嘗試的同人活動，因此，在二〇〇八年，有了ＧＪ的第一場同人活動。當時ＧＪ1的工作人員多為從前參加過「春宴」的同學或學長姊，跟現在的同人活動比起來，比較像學生活動的延伸。

起初，ＧＪ前兩屆的活動都在信義國小的禮堂舉行，場地可以擺一百張桌子（二百個攤位），入場人數三、四千人，規模算是中型的同人活動。

之後被告知場地不能再讓他們使用，他們便決定去租一天的逢甲體育館來辦ＧＪ3。雖然逢甲體育館一天的場租約五十萬，他們還是「腦袋充血」把本來存了要還學貸的錢先拿去付場地費。對於一個剛舉辦的同人活動來説，光場地費就要五十萬的結果，當然是慘賠。幸好同年政府推了U-start大專畢業生創業服務方案，他們就把GJ1到GJ3的活動成果整理好，找中興大學育成中心投這個企劃案，去參加徵選。第一階段從六百多個隊伍中進入前二十名，先拿到一筆創業補助款，稍微紓解了GJ3的虧損，再接受相關育成輔導成立正式的公司行號。直到最後第二階段徵選進入前五名，更拿到一筆五十萬元的獎金，這讓GJ終於有了一筆可以營運的資金。

又因為參加了這次U-start徵選活動，讓他們認識了許多不是同人圈的年輕創業者，更充實了其他的外部資源——這也是GJ除了原有的同人經驗和動漫熱忱之外，結合網路行銷以及與其他產業合作等等的資源運用，讓他們能迅速深入動漫族群中的原因之一吧！

從二〇〇八年開始，到二〇〇九年的慘賠以及政府的創業育成，台中地區一直是GJ主要舉辦同人活動的地點。直至二〇一〇年除了「傳統」的同人誌販售會，他們開始嘗試其他各種可能，像是cosplay的美妝會、cosplay攝影會、演唱會、去台南辦活動等等。

二〇一二年，他們開始往同人活動參與人數最多的台北「進攻」。

從 ONLY 場找到自己的定位

想要從台中移到台北辦同人活動，他們不諱言表示，因為當時台中的同人活動處於衰退狀況。

跟台灣其他文化產業相似，同人誌販售會的參與人數或「賣量」還是以台北為多，尤其台中與台北不像高雄與台北的距離那麼遠，一趟兩個小時的車程就到了，因此很多同人創作者的同人誌「首賣」，寧願選擇去台北的同人場。

此外，當時台中的同人活動愈辦愈多，但參與人數其實沒有跟著成長這麼多，難免分散活動人潮。

當發現台中GJ場的攤位數漸漸減少時，他們決定往台北試試看。但是，二〇一二年時，台北的CWT和FF都很有規模了，GJ該拿什麼跟人家比？於是，他們決定發展自己的路線，從 ONLY 場切入——事實證明，他們這樣做算是成功了。

GJ表示，同人其實就是同好，可是同好也各有不同興趣和方向的「同好」，而GJ的 ONLY 場思考的是「可以營造出什麼樣的區隔和特色來滿足各個同好」。因此，GJ辦的同人 ONLY 活動，他們自己說，比較像是「同好會」，通常有主題，並且小而有特色。

比較綜合大場和ONLY場，綜合大場通常是攤位多、人數多，但時間有限，來逛展的人無法每個攤位都好好逛，且擺攤的人也無法好好將東西「推」給同好；ONLY場則是攤位不多，因此競爭少，作品可以被看見，而且雖然人潮沒那麼多，但都是喜歡這個主題才來的。

有趣的是，雖然GJ說他們沒那麼大，但ONLY場也可能是不斷成長壯大的。像是GJ的歐美ONLY場，他們在二〇一四年開始辦，當時跟推理ONLY合辦約二百攤，但到了二〇一六年，光是歐美ONLY場的招攤，才三天就有二百八十六攤報名，他們怕場地擺不下只好迫不得已趕快關掉報名系統。

如此看起來，ONLY場在台灣應該也很有發展空間。

同人就是要有趣

GJ團隊裡的工作人員，幾乎都有其他不是GJ的「正職」工作。他們表示同人社團跟同人誌販售會有其弔詭面，一方面是興趣，一方面又希望能賺錢，而且除了是否有趣之外，還要考慮利潤，但又不可能有賺錢才做，不賺錢就不做。這樣下去，似乎會讓本來覺得有趣的那一塊漸漸被消磨，因此決定將賺錢跟同人活動分開，如此才可以比較長久舉辦下去。當然，根據他們的多年經驗和資源整合能力，他們有自信小型的同人活動雖然不見得會賺錢，但至少可以控制成本到不會賠。

ＧＪ的主要成員們認為，同人創作和同人活動，就是喜歡作品、熱愛同人創作、具有高度自由的創作空間，並藉由辦活動的形式來呈現。而同人販售活動則是作者跟讀者非常靠近的場合，畢竟大多數同人創作者一開始都是讀者啊！

藉由同人創作和同人活動，一部作品將有被一直延續下去的可能。

從學生活動到產業化，ＧＪ成員們笑稱，他們最近也從動漫界跨足到文青界，起因是二〇一五年辦的紙膠帶和明信片市集，本來只預期二百人來，沒想到實際有兩千人次的人潮，而且多為「文青打扮」，這讓他們有了很不一樣的經驗，也更增加他們「跨領域」的自信。

ＧＪ比ＣＷＴ和ＦＦ都年輕一點也小型一點，但在同人活動上也是有很大的能量呢！

作者群（按照章節順序）

李衣雲

國立政治大學台灣史研究所副教授。

日本東京大學人文社會系研究科博士，台灣大學社會學研究所碩士。

興趣：宅著看小說、漫畫、電視劇等大眾文化，和養貓。

Kimball

御宅評論社團 Socotaku 成員，東方廚、京廚、日常系難民。微胖工程師，徵女友徵很久了。

孟孟

喜歡二次元多過三次元，不是文學院畢業但常被人誤認是文學院畢業，創作的小說總是未完成。目前以採訪編輯為生。

Miyako

文字、音樂、美術、動漫畫多方雜食，自ＢＬ與同人文化傳入台灣便矢志觀察守護至今，在投身同人活動同時，從事編輯、翻譯、創作、身心靈療癒等工作。著有ＢＬ音樂劇《新社員》改編小說。譯有ＢＬ小說《富士見二丁目交響樂團》系列、《二重螺旋》系列、《魍魎之戀》、《HARD TIME》等；藝術、ＡＣＧ領域書籍《從福星小子到火影忍者，經典暢銷的祕密》、《荒木經惟　寫真的愛情》、《好想推倒！萌男圖鑑》等；推理小說《幻想即興曲》。擔任《Creative Comic Collection》（ＣＣＣ創作集）、《臺北歷史地圖散步》等雜誌、書籍特約編輯。

余曜成

以 Roger、小魚等名行走江湖。大學與研究所時遊走台北、中壢、新竹、台南等動漫畫社團。曾於二〇〇〇年聲優林原惠來台時率團接機並成立後援會與擔任會長。專長為管理、通傳政策、資訊社會學。曾任中經院ＷＴＯ中心輔佐研究員，現為臺大智活專案經理／副研究員。著有《動漫透視鏡》、《ＡＣＧ動漫迷的祕密會社》、《動漫研究記事》系列等書。

楊双子

本名楊若慈，一九八四年生，台中烏日人，雙胞胎中的姊姊。三十歲與妹妹若暉死別。楊双子原為雙胞胎共用筆名，真正啟用時僅餘姊姊一人。楊双子所寫一切，都獻給若暉。近作為《撈月之人》、〈木棉〉。

烏露露

文字工作者。資深腐女。

科科任

從永夜抄開始接觸東方本傳後正式入坑。喜歡 Liz Triangle（至今仍不能接受解散消息）、凋叶棕等、火鳥、正木、是乃、山內泰延……等不計其數。做為紀念性質和出過一本東方同人小說，最喜歡的角色是愛麗絲，最喜歡的原曲是〈信仰は儚き人間の為に〉，至今仍拜服東方無窮盡的宏觀世界與神主無窮盡的酒量。

有個真實姓名叫朱宥任，出版小說《好球帶》、《地下全壘打王》，收錄在前者的同名短篇作很不要臉的扯了些東方。

千翠

進兩步退三步就是我，不用懷疑。

最近最害怕以訛傳訛。

最不爽社會資本分贓。

再說下去就有人要來敲門或者以後都接不到工作了，縮回殼裡去吧，別了。

柏阿橘

本行為美術館ＯＬ，兼差範圍包括大學講師、評論撰稿、獨立編輯、同人作者，最喜歡做喜歡的書。專業 tag 為現當代藝術史與相關美學、漫畫及繪畫理論、女性受眾文化。身分認同是腐迷妹，目前沉迷連續劇《偽裝者》沒藥醫，頻頻誘拐喜歡的作者進駐線上常盤莊，跟大家一起過著每天拿糧互砸的日子。

維霓

喜歡動漫，從小看到大，目前任職出版社。

國家圖書館出版品預行編目（CIP）資料

動漫社會學：本本的誕生 / 王佩廸主編 . -- 初版 . -- 臺北市：奇異果文創 , 2016.09
192 面 ; 14.8×21 公分 . --（緣社會 ; 7）
ISBN 978-986-92720-6-3（平裝）

1. 次文化 2. 文化研究 3. 動漫

541.3　　105015465

緣社會 007

動漫社會學

本本的誕生

主　　編　王佩廸

封面插畫　青 Ching
美術設計　蘇品銓

總 編 輯　廖之韻
創意總監　劉定綱
編輯助理　周愛華、陳玟妤

法律顧問　林傳哲律師　昱昌律師事務所

出　　版　奇異果文創事業有限公司
地　　址　臺北市大安區羅斯福路三段 193 號 7 樓
電　　話　(02) 23684068
傳　　真　(02) 23685303
網　　址　https://www.facebook.com/kiwifruitstudio
電子信箱　yun2305@ms61.hinet.net

總 經 銷　紅螞蟻圖書有限公司
地　　址　臺北市內湖區舊宗路二段 121 巷 19 號
電　　話　(02) 27953656
傳　　真　(02) 27954100
網　　址　http://www.e-redant.com

印　　刷　永光彩色印刷股份有限公司
地　　址　新北市中和區建三路 9 號
電　　話　(02) 22237072

初　　版　2016 年 9 月 2 日
I S B N　978-986-92720-6-3
定　　價　新臺幣 280 元

奇異果文創

奇 思 異 想 之 果

溫 柔 革 命 閱 讀

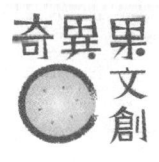

奇異果文創

奇思異想之果

溫柔革命閱讀

奇異果文創

奇 思 異 想 之 果

溫 柔 革 命 閱 讀

奇異果文創

奇 思 異 想 之 果

溫 柔 革 命 閱 讀